日本経済を読む

新聞記事で学ぶ経済学

釜賀雅史

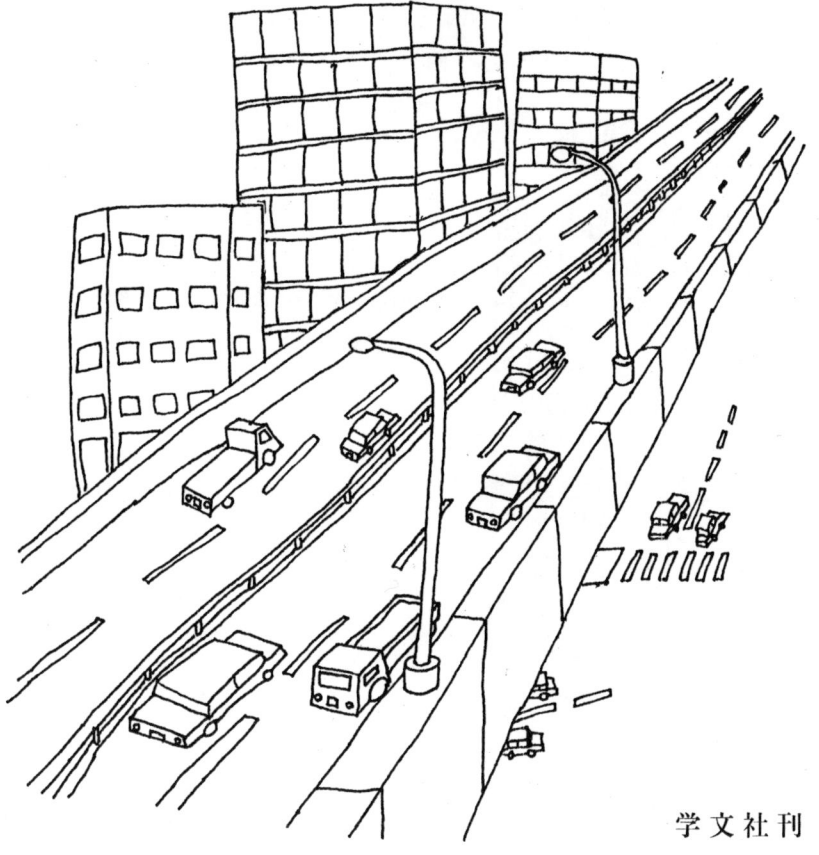

学文社刊

目　次

第1章 経済成長と景気―――――――――――――――1
　GDPと経済成長　1
　景気を占う　24

　　　　　第2章 物価の動き：インフレとデフレ―――47
　　　　　　物価と物価指数　47
　　　　　　デフレ問題　60

　　　　　　第3章 財政活動と予算―――――71
　　　　　　　国の予算　71
　　　　　　　財政の機能と歳出項目　92
　　　　　　　地方財政の現状　101

第4章　金融市場と日銀―――――――――111
　通貨　　111
　金融市場　　120
　日銀の金融政策と金融調節　　127
　参考・株式市場　　140

第5章　企業と経営―――――――――149
　企業の経営成績　　149
　変わる日本の株式会社　　159
　能力主義人事への傾斜　　169

第6章　外国為替と国際収支―――――――185
　外国為替相場　　185
　国際収支　　207

日本経済のプロフィール――――――220
索　　引――――――――――――222

森ビルのいまある形
六本木ヒルズ

はじめに

　毎日生活していく上で，新聞に目を通し，経済の動向をフォローするということは，ビジネスマンでなくとも社会人であれば必要なことである。

　とはいえ，日頃あまり社会の動向とりわけ経済の動向に眼を向け，それについて考えてみるということが少なかった大学生の方や若き新入社員の方々にとって，これは意外とやっかいな課題となっているようである。

　「新聞ぐらい読めなくては」と思い，いざ新聞を広げて読んでみても，経済記事になると用語が特殊でついていけない。また，読んで記事の輪郭はつかめたとしても，それが具体的にどのような事態を説明しているのかが正確には解らない。

　そこで，経済面が読めるようになるためにと経済の入門書を探してみる。しかし，適当なものがみあたらない。大学の経済学のテキストは数学の知識が必要な上に，それで学んだとしてもそれは経済の抽象的な理論であって，即日常の経済記事を説明してくれるわけではない。用語解説を中心に構成された辞書的色彩の濃い入門書では，細切れの知識は得られても，これもまた記事が提供する情報を包括的に把握することはできない。

　このような経験をお持ちの方は結構多いのではなかろうか。

本書は，そのような，いわば実践的に経済記事を読みこなす力を身につけたいと考えておられる大学生および若きビジネスマン（ビジネスレディー）の方々，特に経済に対して苦手意識を持っておられる方が，これから学習される際に，その一助として利用されることを期待してまとめられたものである。

本書の特徴――――――――――――――――――――――――――

❶　本書は，実践的な経済の理解をめざし，新聞の経済欄に頻繁に登場するような6つのテーマで章立てされている。

❷　各章では，テーマに関連した経済記事が項目ごとに一つずつ設定され，その内容の理解に必要な経済知識の説明と，その記事の背景およびそのポイントの解説が施されている。

❸　また，随所にコラムを設け，テーマ関連の話題や補足的知識がまとめてある。

　本書が，読者の方々の所期の目的達成に少しでも資するものとなれば幸いである。

　なお，本書の出版は，ひとえに学文社のご厚志によるものである。心より感謝の意を表したい。

　　　2004年2月

　　　　　　　　　　　　　　　　　　　　　　　　　釜賀　雅史

第1章　経済成長と景気

ＧＤＰと経済成長

　経済成長とは，たとえばある国において，ある年100単位生産されていたものが，翌年には110単位生産されるようになり，翌々年には120単位生産されるようになるというふうに，経済の規模が拡大していく状態のことをいう。若干専門的に説明すると，経済成長とは，資本の蓄積と技術革新，それに労働力の増加などによって，生産能力が拡大し，それに見合った形で消費や投資，それに輸出などが増加し，経済規模が拡大していく状態ということになる。

　この経済規模や経済成長のテンポを測るための尺度がＧＤＰである。ＧＤＰは Gross Domestic Product の略で，日本語では「国内総生産」と呼び，その増加率を「経済成長率」という。

　それらのデータは，内閣府が4〜6月，7〜9月，10〜12月，1〜3月と3ヶ月ごとの実績を各期2ヶ月遅れで，速報として公表している。また，最後の1〜3月期の実績が公表される際に前年度の実績も同時に示される。なお，政府が実施する景気対策は，

これに基づく状況判断を前提としている。

GDP, 実質ゼロ成長　1〜3月期　伸び率3期連続縮小

　内閣府が16日発表した国民所得統計速報によると，03年1〜3月期の国内総生産（GDP，季節調整値）は，物価変動の影響を除いた実質で前期比0.0％増（年換算率0.0％増）とゼロ成長に減速した。景気を支えてきた輸出が減少に転じ，個人消費も低い伸びにとどまり，伸び率は3期連続で縮小した。02年10〜12月期の同0.5％増から，ほぼゼロ成長になったことで，景気は腰折れの瀬戸際にあることが鮮明になった。前年期比伸び率は0.006％と，わずかなプラスで，かろうじて5四半期連続のプラス成長を維持した。名目成長率は同0.6％減で，2期連続のマイナスとなった。［…］

　この結果，02年度の実質GDPは，前年度比1.6％増となり，02年度前半の伸び率が高かったことから，政府見通しの0.9％を上回った。00年度（3.2％増）以来2年ぶりのプラス。総合的な物価変動を示すGDPデフレーターは2.2％減と5年連続のマイナスで，名目成長率は0.7％減だった。

　03年1〜3月期の成長率をどれだけ増加させたかを示す寄与度は，国内需要が0.2％に対し，輸出から輸入を引いた外需はマイナス0.2％となった。02年10〜12月期の外需寄与度はプラス0.4％だったが，米国向け輸出の鈍化でマイナスに転じた。

　内需のうち，GDPの6割近くを占める個人消費は前期比0.3％増とほぼ横ばい。給与所得などの雇用者報酬（名目）は0.1％減と，所得が落ち込んで消費の回復が進んでいない。

　民間設備投資は1.9％増で，4期連続の増加だったが，製造業を中

心とした投資抑制の動きから,プラス幅は前期(3.0%増)より縮小した。民間住宅投資は持ち家の着工件数の低迷で,1.2%減。公共投資は国,地方の予算削減で3.5%減と4期連続で減少した。

輸出は,中国などアジア向けが堅調な一方で,イラク情勢の影響で米国向けは不振だったことから,全体で0.5%減と5期ぶりのマイナス。輸入は国内生産や消費の減速など内需の低迷で1.4%増と前期よりプラス幅が縮小した。

1〜3月期のGDPデフレーターは前年同期比で3.5%減と,98年4〜6月比以来20期連続のマイナスで,マイナス幅も過去最大だった。

(朝日新聞,2003年5月16日,夕刊)

上の記事および次ページのデータは,2003年5月16日の新聞紙上に掲載されたものである。その内容は,内閣府が公表した2003年1〜3月期および2002年度のGDPに関するものであるが,これを読み解くには,GDPの概念をしっかりと理解しておくことが必要である。

経済の大きさを測るものさしとしてのGDP

フローとしてのGDP

GDPすなわち国内総生産とは,一国の「国内」で一定期間(四半期または1年間)に新たに生産されたモノとサービスの価値の合計を表す。一定期間おいてみることによって前期に比べてどれほど拡大したかを調べることができる。つまり,経済活動の

国民所得統計の推移

名 目	2002年度		2002年			2003年	
	名 目	実 質	4～6月期	7～9月期	10～12月期	1～3月期	寄与度
❶民間最終消費支出	286兆0733 (0.1)	299兆1527 (1.5)	297兆4522 (0.3)	299兆4024 (0.7)	299兆4123 (0.0)	300兆4327 (0.3)	0.2
❷民間住宅	17兆7155 (▼4.2)	18兆3834 (▼2.9)	18兆5101 (▼0.2)	18兆5251 (0.1)	18兆3385 (▼1.0)	18兆1130 (▼1.2)	▼0.0
❸民間企業設備	72兆2956 (▼3.5)	86兆8884 (▼0.5)	83兆9831 (2.0)	85兆3968 (1.7)	88兆0011 (3.0)	89兆6718 (1.9)	0.3
❹民間在庫品増加	-1兆7639	-1兆4835	-2兆2549	-607	-1兆2053	-2兆3143	▼0.2
❺政府最終消費支出	88兆8955 (0.3)	91兆3807 (2.2)	90兆4750 (0.1)	91兆2363 (0.8)	91兆5115 (0.3)	92兆2774 (0.8)	0.1
❻公的資本形成	30兆0913 (▼8.4)	32兆8140 (▼6.5)	34兆3999 (▼2.9)	33兆4189 (▼2.9)	32兆5239 (▼2.7)	31兆3893 (▼3.5)	▼0.2
❼財貨・サービスの純輸出	6兆1348 (58.6)	14兆0998 (39.2)	14兆3315 (20.0)	13兆0598 (8.9)	14兆9928 (14.8)	13兆9909 (6.7)	▼0.2
財貨・サービスの輸出	56兆5065 (8.1)	62兆2147 (11.8)	60兆9227 (6.8)	60兆9451 (0.0)	63兆6578 (4.5)	63兆3129 (▼0.5)	▼0.1
財貨・サービスの輸入	50兆3681 (4.1)	48兆1149 (5.7)	46兆5913 (3.3)	47兆8853 (2.8)	48兆6649 (1.6)	49兆3220 (1.4)	▼0.1
国内総支出 (GDE=GDP)	499兆4438 (▼0.7)	541兆2543 (1.6)	536兆9573 (1.3)	541兆0445 (0.8)	543兆5340 (0.5)	543兆5682 (0.0)	0.0
年換算成長率	—	—	(5.2)	(3.1)	(1.9)	(0.0)	
国民総所得	507兆3744 (▼0.8)	541兆9831 (1.2)	538兆7525 (0.9)	542兆7618 (0.7)	543兆1173 (0.1)	543兆4103 (0.2)	—
年換算成長率			(3.8)	(3.0)	(0.3)	(0.2)	

(95年基準、単位億円。四半期数字は季節調整済みの年率換算（実質）。括弧内は前年度比または前期比増減率。▼は減。寄与度は対1～3月期成長率。民間在庫品は増減を金額表示、前期比増減率なし)
(出所) 朝日新聞2003年5月16日夕刊より一部修正して作成

成果を連続する期間の流れにおいて（フローで）把握しようとするのである。

　それでは、生産されたものはすべてがGDPに入るのだろうか。一般に市場で売買されていないものはGDPには入らない。同じケーキでも、お菓子屋で買ったものはGDPに入るが、自宅で作ったケーキは入らない。しかし、ケーキの材料はお店で買うわけだろうから、その材料費はGDPに入る。自動車でも中古車は過去に作られ販売された段階にその価値はカウント済みであるから、新たにGDPに入れることはない（ただし、業者の売買手数料は入る）。

　要は、一定期間内に売り買いを通して生み出される新たな価値＝付加価値の合計がGDPなのである。その基本的な考え方を簡単なモデルを使って説明しよう。

　たとえば、農家と製粉業者とパン屋の3者しかいない社会があったとする。まず、農家は小麦を生産し製粉業者にそれを販売して100万円の売上げを得たとする。次に、製粉業者は、製粉した小麦粉をパン屋に販売し150万円の売上げを得る（ここには、農家から買い入れた小麦の代金100万円が含まれている）。パン屋は、その小麦粉でパンを焼きそれを販売して250万円の売上げを得る（ここには、製粉業者から買い入れた小麦粉の代金150万円が含まれている）。これが1年間においてこの社会で展開された経済活動のすべてだったとする。

　そうすると、売上げ（生産）総額は、100＋150＋250＝500万円になる。だが、このように単純にこれらの生産額を合計したも

のには,農家の小麦が3度,製粉業者の小麦粉が2度重なって計算されている。500万円には農家の小麦の生産額が2度重複して計算されている。

ここで,正確にどれだけの価値が新たに生産されたかを計算するためには,合計金額からパン屋の原材料(中間生産物)である小麦粉と,製粉業者の原材料である小麦の価値を差し引かねばならない。したがって,農家・製粉業者・パン屋で生み出された正味の生産額(国内総生産)は,100+(150−100)+(250−150)=250万円となる。

それでは,このGDPは実際にはどのようにして計算されるのだろう。具体的にGDPを計算しているのは,内閣府のなかの経済社会総合研究所国民経済計算部である。ここでは,3ヶ月(四半期)に1度ずつ新しいGDPをはじき出している。そして,その作成は「コモ法」(コモディティ・フロー法)という推計方法に

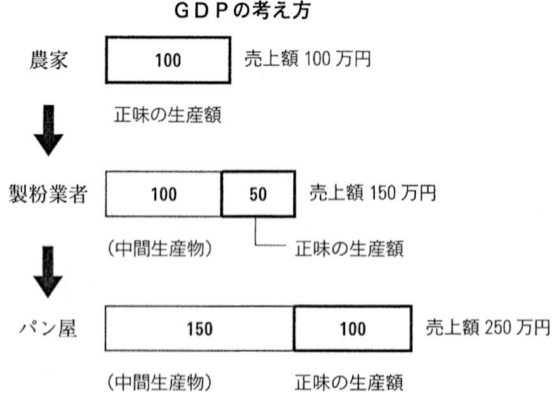

主に依拠している。コモディティとは「商品」のことで、フローは「流れ」のことである。つまり商品の製造から、販売、消費のプロセスを追跡するというやり方がとられている。その追跡の対象となる品目数は2000品目以上で、個々の品目に払われた運送費や細かな販売手数料など把握できないものもあるが、この国民経済計算部はこの把握できないものもできるかぎり正確に推計している。

こうして、GDPないしは国民所得統計（速報）は作成され、発表されていくのである。なお、四半期ごとのこのGDPは速報値であり、確報値が出るまでの暫定的な数値であるので、確報値の発表後はそれまでの速報値と置き換えられる。

名目GDPと実質GDP

GDPには、「名目」GDPと「実質」GDPがあり、後者で測った経済成長率を「実質経済成長率」という。名目GDPはその時の時価で生産物の価値を表したものであるのに対して、実質GDPは物価水準を考慮して、特定の時期の物価を基準にして生産額を表す。

具体的には次のようにして算定される。まず各生産品目ごとに価格指数（ある基準時を100として比較時の価格を表す）で割り込み実質生産額を求める。次にそれぞれの生産に投入された原材料部分（中間生産物）についても同様に実質投入額を求めておいて、実質生産額から実質投入額を差し引く。こうして実質付加価値総額＝実質GDPが求められる。名目GDPをこの実質GDPで割ったものが、総合物価水準を示す**GDPデフレーター**である。し

たがって，実質値GDP＝名目値GDP÷GDPデフレーターという関係が成り立つことになる。

　では，なぜ実質値を出す必要があるか。すなわち，それによって正確に経済規模の変化が把握できるわけである。たとえば，ある基準年のGDPは100万円で，実際に生産された商品量は100単位であったとする。これに対して，比較年のGDPは200万円に倍増したが，実際に生産された商品量は100単位のままであった。つまり比較年は物価が2倍に上がったわけである。この場合，物価上昇を考慮せずにGNPを時価で評価し比較すれば経済規模は倍に拡大したことになる。しかし，物価上昇を考慮して実物（生産数量）レベルで比較すれば，経済規模は変わっていないことになる。名目経済成長率は100％で，実質経済成長率は0％ということになる。このように経済成長率は実質でみる必要がある。

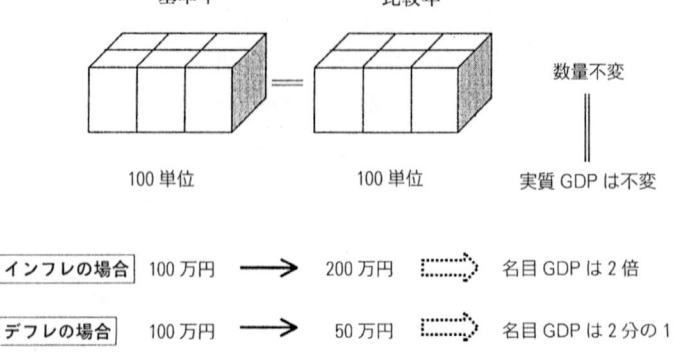

これに対して、比較年に物価が下がった場合はどうか。ある基準年のGDPは100万円で、生産された商品量は100単位。しかし、比較年は生産された商品量は100単位のままであったが、GDPは50万円に半減した場合である。この場合は、名目経済成長率は －50％ で、経済規模は2分の1に収縮しているかにみえるが、実質経済成長率は0％で変化していないことになる。

実は、上の記事を読むとき、この実質値と名目値の理解が重要なのである。

買手の側からみたGDP

GDEとは

さて、GDP統計（国民所得統計）という場合、このGDPの他にGDE（Gross Domestic Expenditure）すなわち**国内総支出**とという重要な概念を忘れることはできない。実は、上の記事は、GDPというよりは、むしろGDEの数値に即して展開されているのである。

それでは、GDPとGDEとはどのような関係にあるのだろうか。実は、GDEはGDPを別の角度から見たもので、数値の上では同一なのである。GDPは生産の側面から把握したものだが、GDEは支出の側面から把握したものである。

たとえば、ある社会で100億円にのぼる商品が生産されたとしたら、だれかがその商品を買い消費または使用しているはずで、その額面も100億円になっているはずである。そのだれかは、日々の生活のために消費財を購入している個人であるかもしれないし、

原料・機械を購入した企業であるかもしれない。企業が購入する機械は消費ではなくて投資（将来の生産のために使用するために購入する部分）になるが、購入して使うという点では個々人の消費と同じ意味になる。このような消費または使用という側面は、国民所得統計上では「支出」といっている。

なお、国内において生産が行われれば賃金が支払われ、金利・地代などが支払われる。そして、生産額から賃金や金利・地代などを差し引いた残りが利潤ということになる。そこで、各種の所得の合計額（海外からの純要素所得は除く）は、固定資本減耗部分や補助金・間接税を調整すると、当然ＧＤＰと等しくなる。こうして、生産・支出・所得の3つの集計は等しくなる。つまり、生産＝支出＝所得（分配）の**三面等価**が成立するのである。

ＧＤＥの内訳

ＧＤＥの内訳は、次の7つの項目に分類される。これは、国内で生産されたモノとサービスがどのような買い手によって、どの

生産面		支出面	
ＧＤＰ 541	＝	ＧＤＥ 541	❶民間最終消費支出　299 ❷民間住宅投資　18 ❸民間企業設備　87 ❹民間在庫品増加　−1 ❺政府最終消費支出　91 ❻公的固定資本形成　33 ❼財貨・サービスの純輸出　14

（数値は2000年度の実質値、単位は兆円）

ような目的で買われるかという観点に立って分類したものである。

❶ 民間最終消費支出

家計部門の消費支出の総額、つまり、自動車、家具といった耐久消費財向けの支出、食料品や衣料品などの非耐久消費財の向けの支出、それに教育、医療、レジャーといったサービスに対する支出の合計である。これは、支出のなかの中心的存在であり、例年、全体の60%程度を占める。

❷ 民間住宅投資

民間の住宅建設投資の総額である。家計部門の支出において、個人消費支出は比較的安定しているが、この住宅投資は、景気、金融情勢等の影響を受けやすいのが特徴的である。

❸ 民間企業設備

民間設備投資ともいう。企業が将来の生産に備えて、新たに建設した工場や新たに設置した機械などの総額である。よく業界の位置を、川の流れになぞらえて「川上」、「川下」という表現で説明するが、そのやり方に倣えば、❶の民間最終消費支出が川下だとすれば、民間企業設備は、川上にあたる。この項目は、社会全体の生産能力を規定する最も重要なもので、景気または経済成長の持続力を予測する上で重視されるものである。

❹ 民間在庫品増加

民間在庫投資ともいう。これは、今年生産された最終生産物や中間生産物（設備を除く）のうち、使用されずに倉庫に保管されるものの総額である。

たとえば、景気の先行きを読んで、増産体制に入ろうとする企

業は原材料の買い付けを早めにしかも大量に行うかもしれない。また，次期の販売に備えて生産した製品を倉庫に保管しているかもしれない。このように在庫投資は，将来の生産に備えて積極的に行われる場合がある（「在庫の積み増し」）。この在庫投資は積極的な「**意図した在庫**」ということができる。しかし，一方，仕入れたものが計画どおりに販売できず売れ残り，倉庫や商店に置かざるをえなくなったものもある。これもまた在庫投資とみなされる。これは「**意図しない在庫**」である。

　上で，一定の生産がなされれば，それはだれかが購入し消費または使用していることになり，ＧＤＰ＝ＧＤＥとなると述べた。しかし，よく考えてみると，生産されてもそれが予定どおりに売れるという保証はどこにもない。実は，もし売れ残りが発生した場合，統計上はこの「意図しない在庫」として処理されているのである。だが，民間在庫投資の数値の上では，「意図した在庫」か「意図しない在庫」であるかどうかはあらわれない。したがって，この在車投資の変動の理由を知ることが，景気を占う上で極めて重要になってくるのである。

　さて，意図した在庫投資であれ，意図しない在庫投資であれ，どうして売られることなく残っている商品が支出項目に入るのだろうか。あえていえば，それは，操作上，工場から倉庫や商店に売られた部分で，消費者に売られなかった部分と解釈しているといえる。

❺　政府最終消費支出

　政府の経常支出の合計である。中央政府や地方自治体が購入す

るモノとサービスのほかに、公務員への給与支払いもこれに入る。

❻ 公的固定資本形成

道路や下水道、それに公共住宅などのような社会資本整備のための費用（公共事業費など）の総額である。

❼ 財貨・サービスの純輸出

これは、日本のモノとサービスの輸出から日本のモノとサービスの輸入（日本が海外から供給してもらった部分）を差し引いたもので、国際収支表での貿易・サービス収支に相当する。では、なぜこの❼の項目がGDEの構成に入るのだろうか。

それについてはこう考えればよい。すなわち、❶から❼までの項目の合計は、日本国内全体の支出額であるが、そのなかには実は国内企業への支出額のみならず、外国企業から購入（輸入）したモノとサービスへの支出額が含まれている。したがって、後者をGDEから差し引くことによって、日本企業への日本人の支出額が求められ、さらに外国の個人、民間企業、政府が、消費目的や投資目的で日本企業から購入し、日本企業へ支出した部分（日本からみれば輸出）を足し合わせることによって、初めて国内で生産された総価値に対する支出合計が求められることになる。

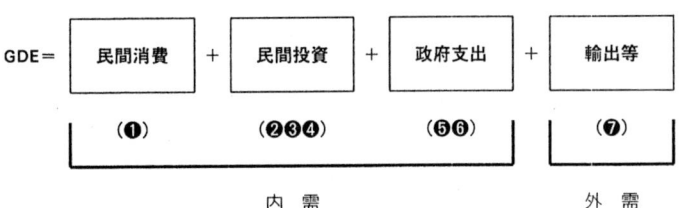

ところで，これらの支出項目❶〜❼をさらに買い手（経済主体）に即して単純化してまとめれば，上図のように4つの項目にくくって整理することができる。

ちなみに，2002年度の実質GDPを100として，この単純化した支出項目ごとにその割合を示せば次のようになる（なお，矢印の太さは規模の大きさを表す）。2002年度の日本経済はこのような形で均衡を保っていたのである。

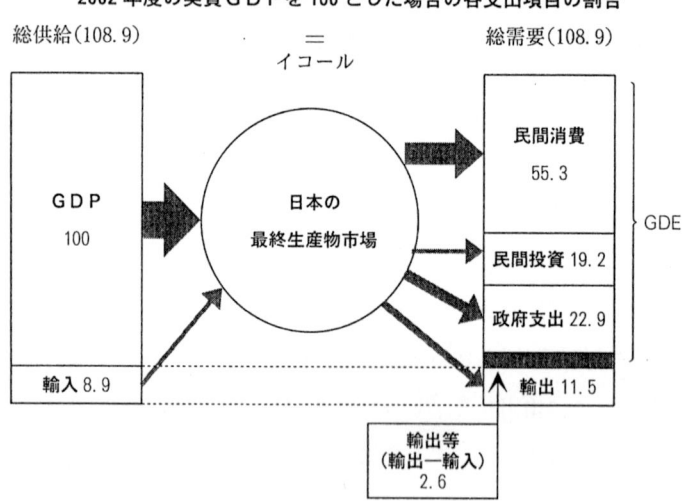

2002年度の実質GDPを100とした場合の各支出項目の割合

国民総所得とは

GDPとGDEについて，そしてその名目値と実質値の意味について理解すれば，ひとまず上の記事にはついていけるだろう。

さて，先の「国民所得統計の推移」の表にある国民総所得とは

何だろうか。2002年度は実質値で541兆円9831億円とＧＤＰをわずかに上回っている。

すなわち，国民総所得（GNI: Gross National Income）とは，生産の場所が国内であれ，国外であれ，一定期間（四半期または1年間）に**日本人が受け取った所得の総額**を表すもので，生産者が日本人であると外国人であるとを問わず，**日本国内で生産された付加価値の総計**を表すＧＤＰとは異なる。

このＧＤＩは，ＧＤＰに海外からの要素所得の受け取りを加え，海外への要素所得の支払いを差し引いて求められる。

ＧＮＩ＝ＧＤＰ＋海外からの要素所得（純）（純は出入りの差額）

この要素所得とは，国民が所有する資本や労働力などの生産要素に対して支払われるべき所得で，たとえば，日本人や日本企業がアメリカの証券市場に投資した場合に得られる配当金や，国境を越えて働く外国人労働者の賃金所得などがそれに当たる。

従来，日本では，国民経済の規模を計る尺度としては，もっぱらこのＧＮＩが，ただしＧＮＰ＝国民総生産の呼称で使用されてきた（ＧＮＩはＧＮＰが用語変更されたもの）。したがって，かつては経済成長率といえば，このＧＮＩ（ＧＮＰ）の増加率で示された。

しかし，近年は，日本企業・日本人の海外での経済活動が活発化し，また，外国人・外国企業の国内での活動が盛んとなり，国内の景気動向をより的確に把握するためには，経済主体の国籍にかかわらず，国内のすべての経済活動を対象とした方がよいとの考えから，ＧＤＰが重要視されるようになった。政府は1994年よりＧＮＩ（ＧＮＰ）ではなくＧＤＰを採用している。

 **GDPやGNI以外の重要な経済指標**

新聞やニュースにはあまり登場しないが，GDPやGNI以外でよく用いられるいくつかの重要な経済指標がある。まず，市場価格表示の国民所得（NI: National Income）。

これは，GNIから固定資本減耗を引いたものである。この市場価格表示の国民所得から生産・輸入品に課される税を引いて補助金を加えたものを要素費用表示の国民所得（NI）という。

NI（市場価格表示）＝GNI－固定資本減耗

NI（要素費用表示）＝NI（市場価格表示）－生産・輸入品に
　　　　　　　　　　　　　　　　　　　課される税＋補助金

国民所得の諸概念

中間生産物			
国内総生産 502,602	海外からの純要素所得 8,542	市場価格表示の国民所得 408,307	国民総所得 511,144
	要素費用表示の国民所得 870,047		
	生産・輸入品に課される税－補助金 88,259		
	固定資本減耗 98,602		
統計上の不突合 4,235	統計上の不突合 4,285		

数値は2001年度の実質値
単位は10億円

一般に国民所得という場合,要素費用表示の国民所得を指すことが多いが,GDPやGNI等の国民経済計算上の付加価値総額をいう場合に用いられることもある。前者が狭義の国民所得とすれば,後者は広義の国民所得といえよう。

2003年1〜3月期および2002年度の状況

国内総支出の大きさとその変化

さて,冒頭の新聞記事およびデータに即して考察してみよう。まず,2003年1〜3月期のGDPについて。

記事にあるように各期のGDPの数値は**季節調整**されたものである。GDPなどの経済指標では,年末年始の休暇などその季節ならではの社会的・自然的要因により他の期とは違った数値の変化が表れ,その特殊要因を斟酌する必要がある。季節調整とはこの操作を行うことである。こうして年換算で算出された2003年1〜3月期の数値が543兆5682億円であったわけである。

この期の支出項目別内訳をみると,❶民間最終消費支出,❷民間住宅,❸民間企業設備,❹民間在庫品増加,❺政府最終消費支出ならびに❻公的資本形成の内需のうち,民間企業設備に若干の伸びはみられるものの,全体的には低調である。公共投資＝公的資本形成も前の期から引き続き減少しており,内需の柱となるべき民間最終消費支出も若干の増加はあるが,事実上横ばい状態である。そして,頼みの❼財貨・サービスの純輸出の外需も6.7%減少している。「02年10〜12月期の外需寄与度」がプラス0.4%あったものもマイナス0.2%に低下している。この❼の減少が,実質ゼロ成長の大きな要因となっている。なお,この**寄与度**は,項目の増減分を全体の増減分で割って求められる。

冒頭4ページの「国民所得統計の推移」の表より❼の外需は7〜9月期のマイナス8.9%を除くと堅調な伸びを示している。

2002年度とりわけ前半には 外需の増加 ⟹ 民間投資の増加 という，いわば外需に依存する形で景気は支えられていたわけである。もう少し詳しくいえば，輸出増加（❼の増加）で，企業の在庫調整が進展し（❹のなかの「意図しない在庫」の処理が進み），古い設備の廃棄も進み，新規の設備投資も増えはじめ，民間企業設備（❸）がプラスに転じるという，流れによって景気は回復軌道に乗るかにみえた。こうして，2002年度全体でみれば，結果として実質で1.6%の成長を記録した。しかしながら，年度末の最後の四半期に至ってその勢いに陰りがみえるというわけである。

通常，経済が成長軌道を進むシナリオは一つではない。国内総支出の支出項目のうちどれかが牽引すればよいわけである。

典型的な内需主導型であれば，次の経路で経済は拡張する。

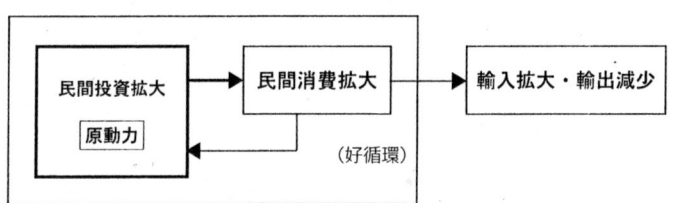

また，輸出（外需）主導型であれば次のパターンとなる。

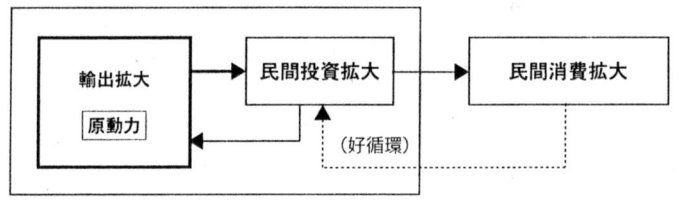

わが国においては，これまで不況脱出のパターンとしてはよく後者のケースがみられたが，2000年度以降の状況においてもこ

のパターンが期待されていた。

デフレのなかのGDP

ところで、先の国民所得統計の表からもわかるように、GDPの実質値と名目値の間には大きな食い違いが発生している。デフレ（物価下落）がいわば恒常化している日本経済においては当然起こりうる現象だろうが、その程度があまりにも大きい。

GDPデフレーターについては具体的には1995年（基準年）を100として表されている。

このように、基準年の1995年以来GDPデフレーターは100を超えることはなく、年度ごとにみれば2002年度が最も低い。四半期ごとの数値では、2003年1～3月期が80％台に突入しており、過去最低水準である。そして、2003年1～3月期は前年同期比で3.5％減［(93.2−89.9)÷93.2×100］となり、「**マイナス幅も過去最大**」［93.4−89.9＝3.5％］となっているのである。

GDPデフレーターが下落すればするほど、名目GDPと実質

GDPデフレーターの推移

年度	デフレーター	増減幅	四半期	デフレーター
1996	99.1	−0.7	2002年1−3月	93.2
1997	99.8	0.7	4−6月	94.7
1998	99.2	−0.6	7−9月	90.9
1999	97.5	−1.7	10−12月	93.4
2000	95.6	−1.9	2003年1−3月	89.9
2001	94.4	−1.2		
2002	92.2	−2.2		

（出所）内閣府ホームページ，http://www.esri.cao.go.jp

幅GDPとの差は大きくなり,その前の期からの下落幅が大きければ大きいほど実質成長率を押し上げることになる。すなわち,2003年1～3月期についていえば,このデフレーターの大きな下落のためにかろうじてゼロ成長を記録することになったのである。

　実質値は実物経済の反映であるには違いないが,とはいえ経済活動は実際の金額で動いているものであるから,名目値の方が実感に近いといえるかもしれない。したがって,2002年度のGDPは,実質で1.6%の成長率を記録しているものの,名目では前年度と同じくマイナスのままであり,実感としてはこの1.6%をにわかには信じられない者が多いであろう。

　だが,時系列的に経済規模の変化を考察する場合,実質値での計算が不可欠であるには違いない。ともかく,デフレの進行によって名目と実質の違いが極めて大きくなっている現状においては,日本経済の本当の姿がみえにくくなっている。

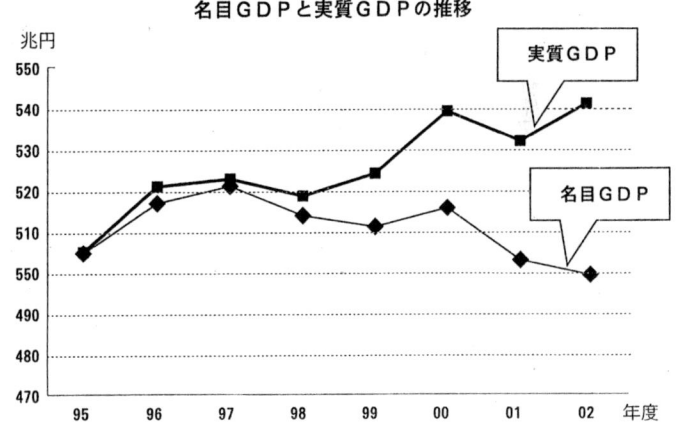

名目GDPと実質GDPの推移

ＧＤＰにも限界がある

　ＧＤＰは，国民経済の状況を説明する指標として大変重要なものである。ＧＤＰが前年度に比べて大きくなったということは，それだけ国民生活が豊かになったということである。しかし，このＧＤＰにも限界がある。

　すなわち，ＧＤＰは付加価値の集計値とはいっても，売り買いされるモノやサービスしか対象にしていないということである。したがって，市場取引の対象でないボランティア活動のようなサービスはＧＤＰには計算されない。また，生産に伴って公害が発生し損害を与えた場合には，社会的にマイナスの影響を与えているが，その損失をＧＤＰから差し引くというようなこともしない。実際，ボランティア活動も価値あるサービスを生産しているから，その価値を評価してＧＤＰに加えるべきだという考え方も登場している。また，公害により自然環境が破壊されればその損害分をＧＤＰから差し引くべきだという主張もある。つまり，われわれは，市場を通して取引しているもの以外にも，生産しているものや，逆に破壊しているものもあるので，それをＧＤＰに反映させるべきだというわけである。

　確かに，そのように売り買いの対象にならない生産物および損害も考慮した計算であれば，国が１年間にどれだけ豊かになったかが正しく示せるだろう。

　だが，ボランティア活動の価値や公害による損失が何円分の価値に当たるかを客観的に評価することは極めて難しい。特にボラ

ンティア活動などの評価は主観性を免れない。このように考えれば，今のところ現状のGDPに甘んじるほかなさそうである。

　給料が増えるのはうれしいことには違いないが，それのみで潤いのある豊かな家庭生活が保証されるわけではないのと同様に，GDPが増えるのはいいことだが，それのみで豊かな国民生活が保証されるものではないだろう。要するに，GDPは家計における給料の多寡を説明することに似ている。

調べてみよう

- 最新のGDP情報を入手し，その前の期からの変化を調べてみよう。
- GDPは豊かさを測る一つの尺度であるが，他にストックの概念で国民総資産や国富がある。それらについて調べてみよう。

景気を占う

　「景気」という言葉ほど、われわれの日常生活に密着した言葉はないだろう。われわれは経済活動が活発な状態を好景気（好況）、不活発な状態を不景気（不況）といっているが、通常、それらは交互に繰り返す。これが景気変動あるいは景気循環というもので、市場経済の社会においては不可避的な現象である。

　その景気の変化を的確に予測することは、国民経済の安定からいっても、企業経営にとっても重要な問題である。だが、その予測は非常にむずかしい。エコノミストや政府機関はより的確に景気の状態、先行きを把握すべく分析を行っており、その景気分析の結果はよく新聞紙上で報じられる。その分析のなかでも、最もポピュラーなものでよくお目にかかるものが、内閣府が毎月発表する景気動向指数（ＤＩ）や日本銀行が発表する「日銀短観」である。次の記事は前者のＤＩに関するものである。

6月の景気動向指数　2ヵ月連続50％超

　内閣府が6日発表した6月の景気動向指数（速報値）は景気の現状を示す一致指数が66.7％となった。判断の分かれ目となる50％を2ヵ月連続で上回った。卸売業の商業販売額や投資財の出荷などが改善に転じたことが背景。数ヵ月先を示す先行指数は80％で，こちらも2ヵ月連続で50％を上回った。

　一致指数と先行指数はそれぞれを構成する経済指標を3ヵ月前と比べて，改善した指標の数の割合で示す。指数が50％を上回れば「上向き」，下回れば「下向き」。内閣府は一致指数について，個別指標が直近では必ずしも良い動きをしていないため「おおむね横ばいの範囲内」との判断を4ヵ月連続で続けた。

　6月の一致指数では，構成する9つの指標のうち6つが改善した。ただ製造業の所定外労働時間や中小企業売上高は一致指数を算出するうえで利用する3ヵ月前比で改善したが，前月との比較では悪化した。

　6月の先行指数は10指標のうち，新規求人数や東証株価指数など8つが改善した。悪化は鉱工業生産財の在庫率と日経商品指数にとどまった。

（日本経済新聞，2003年8月7日，朝刊）

景気の良いとき,悪いとき

景気が良くなるとどうなるだろうか。まず,経済活動におけるモノやサービスの売買が活発になり,各企業の売上げも利益もともに増加する。需要増加に生産が追いつかず,商品の価格は値上がりし,売り手の利益は増える。儲かるとなると,各企業は増産体制に入り,人手は不足し,生産者は雇用を増やしたり,残業が増えることになるだろう。増産体制のために設備投資を増やす一方で,従業員の給料やボーナスを増やしたり,株主への配当を増やすことになる。一方,従業員の収入・所得が増えれば個人の消費や貯蓄が増えることになり,それが国全体の景気をさらに押し上げることになる。

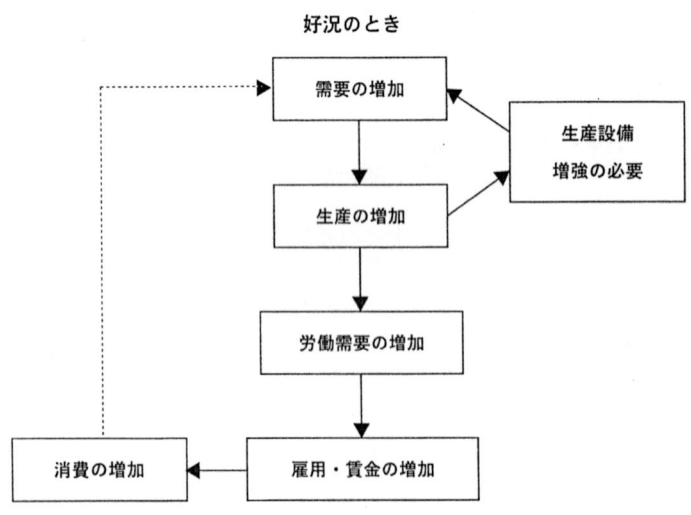

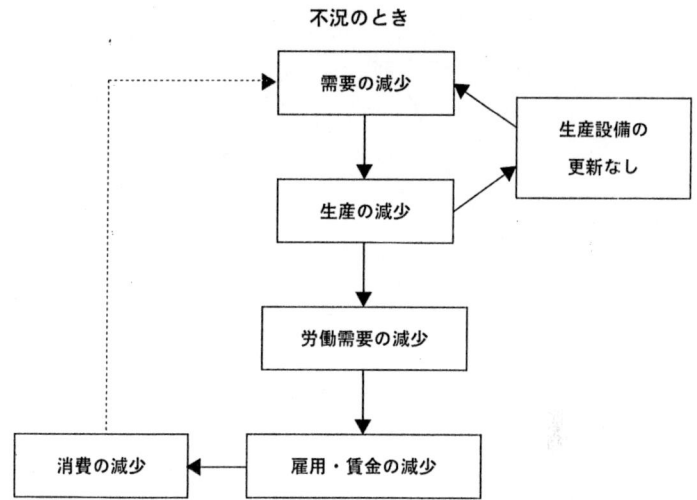

　逆に，不況のときは逆にモノは売れなくなり，利益は減少し，商品の値段も下がり気味になる。減産のために人手は余るようになり，人員整理，リストラが増え，失業者が増加する。経営不振にあえぐ企業は倒産の憂き目に遭い，就職は難しくなる。

　このように，景気の良し悪しは，われわれの暮らし向きに影響を及ぼすことになる。

　ところで，景気は，好況―後退―不況―回復の4局面を持っている。なお，「恐慌」とは，後退が急激でその規模も大きく，国民経済がパニック状態になることである。

　なぜ景気は循環するのかについては，さまざまな考え方があり，古くから論争が続いてきたが，これといった決定的理論はない。なぜなら，景気にプラスに働く要因も，マイナスに働く要因もそ

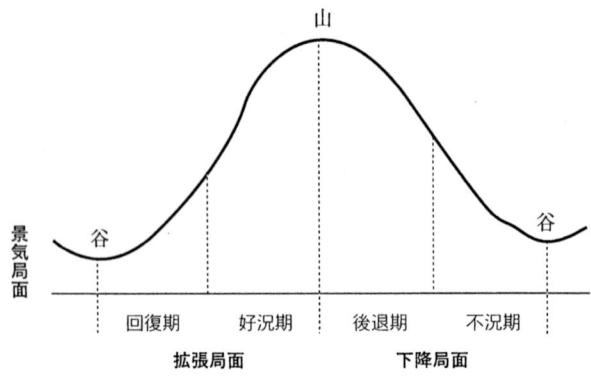

のつど異なり，経験的に推測できても理論としては定式化できないからである。したがって，景気の動きは事後的に説明できても，予測はきわめてむずかしいといわねばならない。

太陽の運動と景気は関係がある？

　なぜ景気が循環するかについてはいろいろな仮説がある。そのなかでも面白いのが太陽の運動と関係があるという説。それは，いわゆる**太陽黒点説**と呼ばれるもので，19世紀後半イギリスの経済学者ジェボンズが主張したものである。この説に従えば，太陽熱の強弱をもたらす太陽黒点の数はほぼ10年周期で増減しており，景気の好・不況もこの10年周期に対応するという。黒点の数が増えて太陽熱が強くなれば穀物は豊作となる。逆に黒点の減少は不作をもたらし，この農業の好・不調が景気全体の好・不況をもたらすという説である。しかし，現在，この太陽黒点説を支持する者は少ないだろう。

　景気循環の理論のなかで古くから最も多くの経済学者が主張してきた説が**過少消費説**である。たとえば人口論で有名なマルサスもその一人である。論者によってその内容には差異はあるが，要するに，生産過剰ではなく生産の割には消費が伸びないところに景気後退の原因を求めるという点では同じである。つまり，所得が貯蓄にまわり消費にまわされる分が少なくなると，市場に商品の売れ残りが発生し，そのために景気後退（恐慌）が起こるということである。

　その他，**過剰投資説**や**革新説**もある。

　過剰投資説はその名のとおり，設備投資の過剰に景気変動の原因を求めるものである。過少消費説が需要の側に注目しているのに対して，これは生産の側に注目しているといえる。

革新説は J・シュンペーターが主張したものである。産業革命以降の歴史を振り返ると、半世紀くらいの周期で経済活動を一変させるような技術革新が起こっている。20世紀になると原子力、コンピュータの開発により経済は一変している。このような「革新」（イノベーション）のうねりが経済活動の高揚と衰退の基底にあるというのが革新説の考え方である。なお、シュンペーターは、コンピュータのような新製品の開発も革新の一つであるが、この他に新しい生産方法の導入、新市場の開拓、新資源の利用、産業の組織化なども「革新」としてあげている。

DIとは

3つの系列と30の指標

　定期的に発表される経済統計のなかで，景気変動と密接な動きを示す指標が景気指標である。景気指標は，景気の変動状況を統計的に確認し，現在の局面を判断するとともに，将来の景気動向を予測する手がかりとなるものである。

　景気指標には，所得関連のもの（国民経済計算），生産活動関連のもの（鉱工業生産指数），雇用関連のもの（有効求人倍率）などがある。こうした指標は，景気の動きに先駆けて動くもの，同時に動くもの，あるいは遅れて動くものなどそれぞれ特徴がある。

　そして，そのような指標群のなかから30の代表的な指標を選び出し，それらを総合的に分析しようとするものがある。内閣府が毎月作成し発表している景気動向指数である**ディフュージョン・インデックス**（Diffusion Index），通称**DI**がそれである。

　このDIは，次ページの表に示すように，景気に対して先行して動く12の景気指標を集計した「先行系列」，ほぼ一致して動く11の景気指標を集計した「一致系列」，遅れて動く7つの景気指標を集計した「遅行系列」の3系列で構成されている。

　「先行系列」は，景気に数ヶ月先行する傾向があることから，景気の動きを予想するときに注目する。東証株価指数，鉱工業生産財在庫率指数，新規求人数などが先行系列の例である。つまり，不況のなかで新規求人数が増加し始めたとすれば，景気は回復に向かうと自ずと考えられる。また，在庫が減れば生産が行われる

		指 標 名	作成機関
先行系列	1	最終需要財在庫率指数	経済産業省
	2	鉱工業生産財在庫率指数	〃
	3	新規求人数（除学卒）	厚生労働省
	4	実質機械受注（船舶・電力を除く民需）	内閣府／日本銀行
	5	新設住宅着工床面積	国土交通省
	6	耐久消費財出荷指数	経済産業省
	7	消費者態度指数	内閣府
	8	日経商品指数（総合）	日本経済新聞社
	9	長短金利差	日本銀行
	10	東証株価指数	東京証券取引所
	11	投資環境指数（製造業）	財務省／東京証券取引所
	12	中小企業業況判断来期見通し（全産業）	中小企業金融公庫
一致系列	1	生産指数（鉱工業）	経済産業省
	2	鉱工業生産財出荷指数	〃
	3	大口電力使用量	中央電力協議会
	4	稼動率指数（製造業）	経済産業省
	5	所定外労働時間指数（製造業）	厚生労働省
	6	投資財出荷指数（除輸送機械）	経済産業省
	7	百貨店販売額	〃
	8	商業販売額指数（卸売業）	〃
	9	営業利益（全産業）	財務省
	10	中小企業売上高（製造業）	中小企業庁
	11	有効求人倍率（除学卒）	厚生労働省
遅行系列	1	最終需要財在庫指数	経済産業省
	2	常用雇用指数（製造業）	厚生労働省
	3	実質法人企業設備投資（全産業）	財務省／内閣府
	4	家計消費支出（全国勤労者世帯）	総務省
	5	法人税収入	財務省
	6	完全失業率	総務省
	7	国内銀行貸出約定平均金利（新規分）	日本銀行

ようになるのは自然の成り行きである。したがって，鉱工業生産財在庫率指数が低下すれば，次に鋼工業生産財の生産が増大しはじめ，景気は回復基調に向かうと当然と考えられる。

次に「一致系列」であるが，これは景気と同じ動きをするもので，現在の景気の状態を把握するときに注目する。たとえば，生産指数，鉱工業生産財出荷指数，大口電力使用量などが増加すれば，現在の景気の拡大を表すことが多い。

「遅行系列」は景気の変動より半年から1年遅れることから景気変動の確認に利用する。たとえば，法人税収入が増加すれば，やはり景気は良くなっているのだという確認ができるということである。景気が良くなると企業の生産が増加し，企業の利益が増加する結果，法人税収は増えるので，法人税収入は遅行系列となるのである。

ＤＩの計算方法

では，これらのデータに基づきどのように分析するのだろうか。これらの指標はすべて単位が違うし，これらを総合的にみるといっても，そう簡単に足したり割ったりすることはできない。しかし，何らかの方法でそれぞれの指標を共通の尺度に置き換える必要がある。つまり，次のようにするのである。

ある月の各指標をそれぞれ3ヶ月前と比較し，増えていればプラス，減っていればマイナス，横ばいならばゼロとする。そしてプラスの付いた指標には1，マイナスには0，ゼロの付いた指標には0.5として全体の加重平均を求める。

式で示すと以下のようになる。

$$DI = \frac{1.0 \times 上昇した指標数 + 0.5 \times 横ばいの指標数}{指標数} \times 100(\%)$$

たとえば、ある月の一致系列11項目のうち、プラスが5つ、マイナスが1つ、ゼロが5つであるとすると、DI＝(1.0×5+0.5×5)÷11×100＝68.2% になる。この計算方法は3系列とも同じである。

こうして、はじき出された点数に基づき、景気の方向性を判断

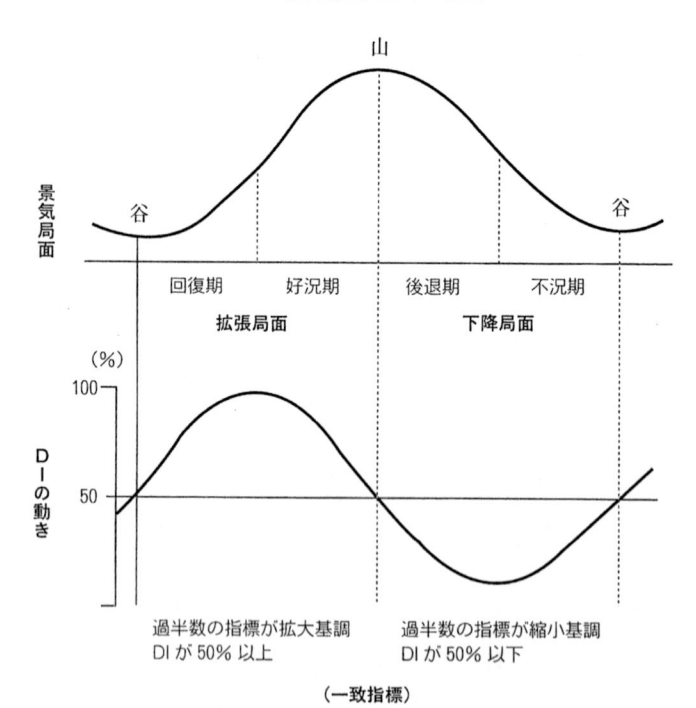

景気循環とDIの動き

景気局面：谷　回復期　好況期　後退期　不況期　谷
　　　　　　　拡張局面　　　　　下降局面

山

DIの動き（％）
100
50

過半数の指標が拡大基調　　過半数の指標が縮小基調
DIが50%以上　　　　　　　DIが50%以下

（一致指標）

していく。DIにおいては，景気局面を2局面に分割する考え方に立っており，一致指数を基調として（3ヶ月程度の動き），50%を超えているときが景気の拡張局面にあり，50%を下回っているときが景気の後退局面にある，というように判断する。したがって，景気循環との関係でDIとりわけ一致指数の動きをみるならば，前ページの図のようになるのである。

このように，DIは一見たいへん単純にみえるが，景気の先行きを占う上で重要な手がかりとなっている。

2003年6月のケース

冒頭25ページの記事は，2003年6月期のDIについて報じたものであるが，この記事に即して考察してみよう。

記事にもあるように6月期のDIは，一致指数が66.7%となり，先行指数も80%と高い数値を示している。また，遅行指数は記事には載っていないが，58.3%と50%を超えている。

では，実際の個々の指標はどのようになっていたのだろうか。具体的に一致系列についてみておこう。

記事によれば「**6月の一致指数では，9つの指標のうち6つが改善した**」とあることからわかるように，内閣府が発表した6月の一致指数は9つの指標で計算されている。ところが，内閣府はその後，次ページの表のように10の指標の結果を発表している（内閣府ホームページ http://www.esri.cao.go.jp）。実は，6月のDI発表時の段階では，稼働率指数が未発表であったのである。

一致指数は11の指標で構成されているわけだが，このように

未発表の指標がある場合は，それを除いて計算される。したがって，営業利益が3ヶ月に一度しか発表されないから，通常は，残りの10の指標か，もしくは6月のように9つの指標で計算される場合が多いのである。

その6月の9つの一致指数は3ヶ月前の3月と比較してみれば次のようになっている。

・引き続きプラスの指標：2系列

　　所定外労働時間指数（製造業）（2ヶ月連続）
　　中小企業売上高（製造業）（2ヶ月連続）

2003年1月～6月の一致指数

	03年1月	2月	3月	4月	5月	6月
生産指数（鉱工業） 2000年=100	95.0	93.5	93.6	92.2	94.6	93.5
鉱工業生産財出荷指数 2000年=100	99.7	99.9	99.5	98.3	100.1	98.7
大口電力使用量 100kwh	22,018	21,649	21,869	22,025	22,076	21,559
稼動率指数（製造業） 2000年=100	96.8	95.8	95.3	95.1	97.3	96.1
所定外労働時間指数 （製造業）2000年=100	105.0	103.6	102.7	103.0	106.3	105.3
投資財出荷指数 （除輸送機械）2000年=100	86.3	85.0	83.4	79.0	82.2	85.0
百貨店販売額 （前年同月比）	−1.7	0.0	−3.5	−4.7	−3.0	−2.1
商業販売額指数（卸売業） （前年同月比）	0.3	0.7	0.2	−0.4	−0.1	0.9
営業利益（全産業） （億円）			92,578			
中小企業売上高（製造業）	91.6	90.6	90.0	89.4	91.4	90.5
有効求人倍率（除学卒） （倍）	0.60	0.61	0.60	0.60	0.61	0.61

（出所）　内閣府ホームページ，http://www.esri.cao.go.jp より作成

- 保合いからプラスとなった指標：1系列
    有効求人倍率（除学卒）（3ヶ月ぶり）
- マイナスからプラスとなった指標：3系列
    投資財出荷指数（除輸送機械）（3ヶ月ぶり）
    百貨店販売額（前年同月比）（3ヶ月ぶり）
    商業販売額指数（卸売業）（前年同月比）（3ヶ月ぶり）
- プラスからマイナスとなった指標：3系列
    生産指数（鉱工業）（2ヶ月ぶり）
    鉱工業生産財出荷指数（2ヶ月ぶり）
    大口電力使用量（4ヶ月ぶり）

したがって，一致指数は

$$\frac{6 \times 1 \times 100}{9} = 66.6666$$

このように50%を大きく上回っている。この数値からすれば経済の好調ぶりがうかがえるようだが，「**製造業の所定外労働時間や中小企業売上高は一致指数を算出する上で利用する3ヶ月前比で改善したが，前月との比較では悪化**」している。すなわち，所定外労働時間指数は前月の106.3から105.3へ，中小企業売上高91.4から90.5へとそれぞれ低下している。また，この6月の一致指数の算出には使われていないが，生産指数も3ヶ月前と比較すれば95.3から96.1へ上昇しているが，前月の97.3からは低下している。この点を考慮すれば，景気は上向いているとは即座に判断を下せない状態にあり，「**おおむね横ばい**」ということなのである。

このように，その月ごとのDIの結果は，その段階の景気状況の判断の重要な手がかりになるわけだか，ただその際，単にその月の結果（数値）のみに注目することなく，数ヶ月前までの個々の指標の変化をも念頭に検討する必要があるわけで，事実そのように行われているのである。

現在は14周期目―戦後の景気循環―

2003年6月の景気はおおむね横ばいということであるが，では，この6月段階はいったい大きな景気循環の軌道においてどのあたりに位置するのだろうか。

日本の景気循環は，戦後最初の循環が確定されてから，現在（2003年9月段階）で14周期目に入っている。

戦後日本の景気循環は次のページの図のようになる。

この図からわかるように戦後における景気循環の1周期の長さは約44ヶ月程度である。そのなかで最も長かったのが第11循環で，昭和61（1985）年11月から平成5（1993）年10月までの83ヶ月を記録した。この長期にわたる循環はいわゆるバブル景気を含んでいた。

この平成の幕開けとともに始まったバブル景気は平成3（1990）年2月に山を迎えている。それからの10年は日本経済にとって過酷であり，1990年代は日本経済にとって「失われた10年」と評された。それゆえ，多くの国民に平成3年以降2000年までずっと不況が続いたと理解されているかもしれないが，実はこの第11循環は平成5年で終り，次の第12循環に突入している

第1章 経済成長と景気 39

戦後日本の景気循環

第1循環 第2循環 第3循環 第4循環 第5循環 第6循環 第7循環 第8循環 第9循環 第10循環 第11循環 第12循環 第13循環 第14循環
4ヵ月 37ヵ月 43ヵ月 52ヵ月 36ヵ月 74ヵ月 39ヵ月 31ヵ月 64ヵ月 45ヵ月 83ヵ月 63ヵ月 21ヵ月

なべ底不況　40年不況　46年不況　第1次石油危機　第2次石油危機　円高不況　平成不況

S26.6　S26.10　S29.1　S29.11　S32.6　S33.6　S36.12　S37.10　S39.10　S40.10　S45.7　S46.12　S48.11　S50.3　S52.1　S52.10　S55.2　S58.12　S60.6　S61.11　H3.2　H5.10　H9.5　H11.1　H12.10　H14.1

神武景気　岩戸景気　オリンピック景気　いざなぎ景気　列島改造景気　好況感なき景気1期　好況感なき景気2期　ハイテク景気　バブル景気（戦後最長）

これ以前は計測されず

景気循環の長さ＝平均43.6ヵ月

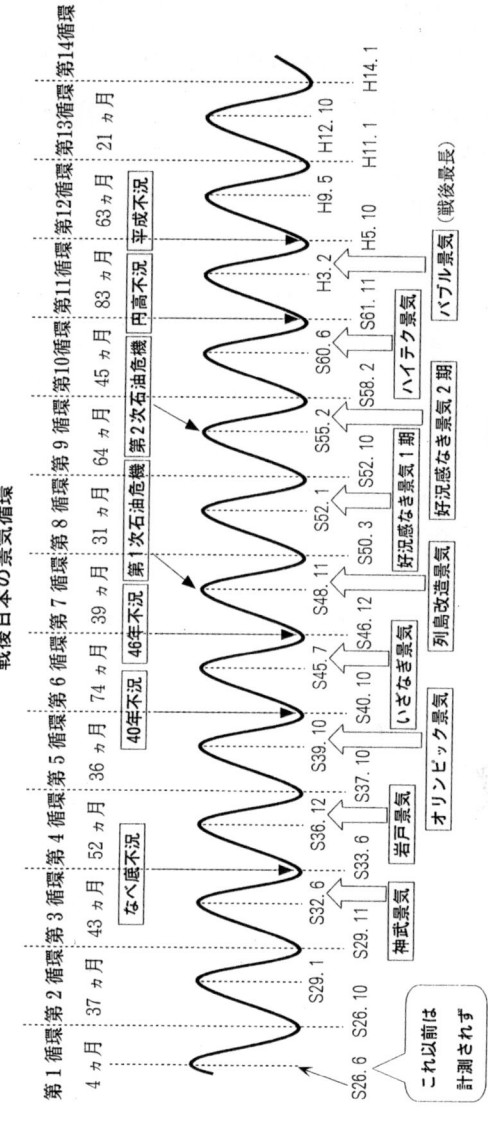

(出所) 内閣府ホームページ、http://www.esri.cao.go.jp より作成

のである。

　すなわち，平成5（1995）年の谷を境に，景気は回復し平成9（1997）年に好景気の山を迎えている。当時は，女子高生のPHSブームなどで携帯電話がいっせいに普及した時期である。

　そして，平成9年最初の四半期頃までは，本格的に景気は回復し好調を保っていたかにみえたが，当時の内閣の財政再建策の実行や拓銀破綻，アジアの通貨危機などが重なり，再び不況に戻ってしまった。財政再建策とは，政府支出の削減と増税が具体的内容であるが，消費税が3％から5％に上がったという方がわかりやすいかもしれない。これが平成9（1997）年4月であった。これを境に，再び景気が後退した。そして平成11年1月を境に，次の第13循環に突入した。

　この第13循環は，外需に支えられ一定の景気の押し上げは図られるが，不良債権問題を背景とする不安定な金融情勢のもと，平成12年10月をピークに景気は後退期に入った。

　そして，平成14（2002）年1月を境に第14循環に入り，日本経済は回復軌道に乗ったとされている。2003年6月は，この第14循環の拡張期に位置すると推定されている。

　冒頭25ページの記事が伝える2003年6月のDIは，この6月段階の日本経済が第14循環の景気拡張（回復）の軌道をどのように進んでいるのか，「上向き」なのか「下向き」なのかを説明するものなのである。

　ところで，このような景気循環の14の周期の「山」と「谷」の月（景気基準日付）はどのようにして決定されるのだろうか。

すなわち，この判定には「**ヒストリカルＤＩ**」と呼ばれる指数が使用される。これは，各月ごとのＤＩの結果そのものではなく，各月の一致系列の指標に一定の加工を施し，約2年間くらいの期間でその変化をみるものである。

内閣府経済社会総合研究所は，たとえば第13循環について，その谷は平成14（2002）年1月としているが，平成13年2月から平成14年12月までの一致系列の11の指標について上のような計算を行い，その判定を下している（平成15年6月6日）。

「第13循環の景気の谷について……平成14年1月に暫定的に設定することとした。これは，データの蓄積を待った上で統計学的手法に基づき，個別系列の山谷の判定を行ったところ，平成14年1月に採用系列の過半が谷を迎えたことが判明したためである」（内閣府経済社会総合研究所）。

確かに，11の指標のうち平成13年12月までは大半の指標がマイナスであった（ヒストリカルＤＩ＜50％）ものが，平成14年1月でプラスとマイナスが合い半ばするようになり（ヒストリカルＤＩ≒50％），それ以降はほぼ全部の指標がプラスとなっている（ヒストリカルＤＩ＞50％）（http://www.esri.cao.go.jp）。

日銀の「短観」とは

　景気循環のうねりは、内閣府において行われる以上のようなＤＩの時系列分析によって説明されるが、景況を把握する際には、この内閣府のＤＩのほかに日銀の「短観」も利用される。

　「短観」とは、日本銀行調査統計局が行っている「企業短期経済観測調査」の略称である。この「短観」は、内閣府が公表するＤＩとは違い、日銀の景気判断を直接示すことを目的としたものではない。だが、その調査データは景況判断の有力な材料を提供するものである。

　「短観」の調査は年4回行われる。その対象となる企業数は8000社以上にのぼっている。日銀は、毎回それら企業に調査表を送付し、景気の現状・先行きについて回答してもらい、そのデータを集計する。

　その調査の内容は、企業活動を定量的に捉えた「計数項目」と企業心理を表す「判断項目」に大きく分かれる。すなわち、短観では、売上などの客観的なデータが提示される（計数項目）とともに、業況（事業の状況）は良いか、金融機関の融資姿勢が厳しいか、資金繰りは厳しいかなどについて経営者の判断（判断項目）が数値化された形で示される。

　このように、短観は単なる経済統計とは異なり、経営者が現状をどのように認識しているか、将来をどのように展望しているかが一目で理解できるようになっている。

業況判断ＤＩ

 日銀は、短観の判断項目については、企業からの回答結果を「判断ＤＩ」というわかりやすい形に加工して、発表している。

 そして、この判断項目のうち、全般的な業況に関する経営者の判断を示す「業況判断ＤＩ」は、過去の景気の山と谷にほぼ沿った動きを示しており、有力な景気動向を表す指標として注目されるものである。

 業況判断ＤＩは、事業に関するアンケートで、「良い」「さほど良くない」「悪い」の３つの選択肢の中から１つを選んでもらい、「良い」と回答した会社数から「悪い」と回答した会社数を引いて算定される。

$$業況判断ＤＩ＝\frac{「良い」の回答－「悪い」の回答}{全体の回答数}$$

 したがって、業況判断ＤＩは、景気が良ければプラスになり、景気が悪ければマイナスになる。

 2003年６月の例でみてみよう。ちなみにこの６月は、冒頭の記事のように内閣府のＤＩの結果では「おおむね横ばい」という判断が下された月である。

 次の表からわかるように、６月の大企業（全産業）の業況判断ＤＩは－９％である。これは３月の－12％に比べると、３％（パーセントポイント）上回っている。また、先行き、３ヶ月先の９月までの予測は－８％であるから、１％（パーセントポイント）だけ「最近」を上回っている。これらから、大企業の業況は回復の兆しはみえなくもないが、厳しい状態に変わりはない。数値が

改善しつつあるとはいえ，マイナスであるということは「悪い」とみている企業が「良い」とみている企業を上回っていることには変わりはない。

　これに対して，中小企業（全産業）の6月は－32％で，大企業（－9％）よりも業況ははるかに悪い。3月の－33％と比較すれば6月は1％上回っているものの実質的には変わっていないとみてよいだろう。しかも，6月段階の先行きの予測は－33％で「最近」より1％下回っている。

　なお，表にはないが中堅企業については，6月も3月も－25％で変化はない。ただ6月の先行きについては－22％で1％だけ「最近」より高い。

業況判断（調査対象企業数　全国企業8,343社（97.9％）うち大企業1,374社，中堅企業2,651社，中小企業4,318社）

（「良い」－「悪い」・％ポイント）

	大　企　業						中　小　企　業					
	2003年3月調査		2003年6月調査				2003年3月調査		2003年6月調査			
	最近	先行き	最近		先行き		最近	先行き	最近		先行き	
				変化幅		変化幅				変化幅		変化幅
製造業	－10	－8	－5	5	－5	0	－29	－31	－28	1	－28	0
繊維	－28	－18	－35	－7	－25	10	－44	－40	－43	1	－39	4
木材・木製品	－44	－22	－33	－11	－22	11	－42	－44	－40	2	－42	－2
紙・パルプ	－7	－7	21	28	14	－7	－20	－25	－26	－6	－26	0
化学	0	2	3	3	－3	－6	－15	－18	－22	－7	－23	－1
石油・石炭製品	－14	－14	0	14	14	14	－19	－43	－19	0	－48	－29
⋮												
非製造業	－14	－13	－13	1	－12	1	－36	－42	－35	1	－37	－2
サービス	－24	－19	－24	0	－21	3	－29	－34	－30	－1	－26	4
リース	0	－11	－11	－11	－11	0	－36	－37	－33	3	－31	2
全産業	－12	－10	－9	3	－8	1	－33	－38	－32	1	－33	－1

（出所）　日本銀行ホームページ，http://www.boj.or.jp より

このように，2003年6月段階の産業界全体の業況は，規模の大小を問わず依然厳しい状態にあるのである．そして，その厳しさは小規模になればなるほどその度合いが大きいといえるだろう．

以上のように，内閣府発表のＤＩとこの日銀の短観を重ね合わせてみれば，日本経済の姿がより鮮明になる．

そして，この2つのデータのほかに，景況判断の際には，「法人企業動向調査」や「消費動向調査」などのサーベイ・データも活用される．

考えてみよう

ＤＩの一致系列の各指標が3ヶ月前と比較して次のようになっている時，景気は「上向き」だろうか「下向き」だろうか．

1. 生産指数　　　　　　　　マイナス
2. 鉱工業生産財出荷指数　　プラス
3. 大口電力使用量　　　　　変わらず
4. 稼動率指数　　　　　　　変わらず
5. 所定外労働時間指数　　　プラス
6. 投資財出荷指数　　　　　プラス
7. 百貨店販売額　　　　　　マイナス
8. 商業販売額指数　　　　　マイナス
9. 中小企業売上高　　　　　マイナス
10. 有効求人倍率　　　　　　変わらず

第2章　物価の動き：インフレとデフレ

物価と物価指数

　モノやサービスの値段の上がり下がりは直接日常の消費生活に影響を及ぼすもので，最も身近な経済問題であろう。物価とは個々のモノやサービスの値段を総合化・平均化して表したものである。そして，それは，ある時点の価格を100として，その値動きの推移を指数化した「物価指数」という形で表される。

　たとえば，1000円のモノが1ヶ月後に900円に値下がりした場合，この商品の指数は100から90へ低下したことになる。では，このように低下したり，または上昇した個々の商品の指数を単純に足して商品の数で割れば物価指数が求められるかというと，そうではない。実は「物価指数」の算定にあたっては，支出に占める商品の構成比（ウエイト）に応じて個々の商品を加重平均するという手法がとられている。

医療・税の負担増　0.3％物価押し上げ　内閣府が試算

　内閣府は14日，医療制度改革での負担増や増税などによるサービスや商品の価格上昇が，消費者物価指数を0.3％弱押し上げているとの試算をまとめた。今春以降に消費者物価の下落幅が小さくなっているのは，この要因が大きく影響している。［…］

　政府が今年4月にサラリーマン本人の医療費の自己負担を2割から3割に引き上げたことなどで，一部の診療費が値上がりした。この結果，4月には消費者物価指数の内訳にある「診療代」が前年同月比13.3％上昇した。これは消費者物価全体（生鮮食品を除く）を0.17％分押し上げる要因として働いた。

　5月からの発泡酒の増税も指数上昇の要因だ。小売店の店頭価格への転嫁などを通じて，4月は前年同月比で6.1％下落していたのが5月は0.5％下落までマイナス幅が縮んだ。これによって消費者物価全体を0.01％分押し上げた。電気代や都市ガス代で原燃料調整による値上げなどもあり，それぞれ消費者物価全体を0.01％分押し上げた。

　消費者物価は3月が前年同月比0.6％の下落で，4－5月は0.4％の下落にとどまった。これは診療代や電気代・都市ガス代の影響が大部分を占める。

　7月にはたばこ増税があった。消費者物価（全国）統計は5月分までしか発表されておらず，増税の影響はまだ出ていない。

　内閣府によると，1箱あたりの値上げを20円で試算したところ，消費者物価を0.06％分程度押し上げるという。

【表】 品目別の動きと消費者物価への影響

	上昇月	前年同月比 (上昇前月→上昇月)	前月比	消費者物価に 対する寄与度
診療代	4月	1.4→13.3	9.3	0.17
電気代	4月	▲5.1→▲2.3	0.4	0.01
都市ガス代	4月	▲2.2→0	1.3	0.01
発泡酒	5月	▲6.1→▲0.5	6.5	0.01
たばこ	7月	―	―	0.06 程度

(注) 単位は%,▲はマイナス,消費者物価に対する寄与度は前年同月比,
生鮮食品を徐く

(日本経済新聞,2003年7月15日,朝刊)

物価指数

3の物価指数

　上の記事で取上げられている物価指数は消費者物価指数(CPI)であるが,ほかにも代表的なものとして企業物価指数(CGPI)や企業向けサービス価格指数(CSPI)がある。

　この3つの物価指数の特徴をまとめれば次のようになる。

▶**消費者物価指数(CPI)**……総務省が毎月作成し公表している。全国の消費世帯で消費目的で購入されたモノとサービスの価格・料金を対象としたラスパイレス型物価指数。2000年を基準とし,対象品目は598品目。

▶**企業物価指数(CGPI)**……日本銀行が毎月作成し公表している。約2200の事業所・企業,約1400品目について,割引,

リベートを調整したモノ（サービスは含まない）の販売価格を調査し，指数化したもの。なお，95年基準までは卸売物価指数といわれていたが，2000年基準でこの企業物価指数に呼称変更されている。

▶**企業向けサービス価格指数**（ＣＳＰＩ）……日本銀行が毎月作成し公表している。品目ごとに代表的なサービスを特定し，取引条件，調査先などを一定として企業間の取引価格を指数化したもの。

消費者物価指数の算定法

簡単なモデルで消費者物価指数の算定法を説明しよう。

まず，米とりんごの2つの商品のみを消費している社会を想定してみる。

ある基準時における米の価格が1kg当たり400円，その購入量が12kg，また，りんごの価格は1kg当たり300円，その購入量は4kgだったとする。そして，それに対して比較時は，米の価格が1kg当たり500円，りんごの価格が1kg当たり250円であったとする。比較時の購入量については基準時と同じ量であったと仮定する。このモデルでは，次のような手順で消費者物価指数は算定される。

❶ 米の個別指数 $\dfrac{比較時の価格(500) \times 購入量(12)}{基準時の価格(400) \times 購入量(12)} \times 100 = 125.0$

❷ りんごの個別指数 $\dfrac{比較時の価格(250) \times 購入量(4)}{基準時の価格(300) \times 購入量(4)} \times 100 = 83.3$

❸ 基準時における米とりんごの購入額がそれぞれ支出総額に占める割合＝ウエイト（ここでは百分率であらわす）を算出すれば，米は80（4,800／6,000×100），りんごは20（1,200／6,000×100）となる。そして，❶❷の個別指数にそれぞれウエイトをかけて，加え合わせ，そのウエイトの総和で割るという操作で消費者物価指数は求められる。（ここでは，ラスパイレス方式に従って，ウエイトは基準時の支出構造にもとづいて算出される。なお，ウエイトが比較時の支出構造にもとづくものパーシェ方式という。物価指数算定に前者がまたＧＤＰデフレーターの算定には後者が採用されている。）

$$\frac{(125.0\times 80)+(83.3\times 20)}{180+20}=116.66$$

消費者物価指数の計算例

		価格 (円)	購入量 (kg)	支払額 (円)	ウエイト	物価指数
基準時	米	400(1kg)	12	4,800	80	100.0
	りんご	300(1kg)	4	1,200	20	100.0
	合 計			6,000	100	100.0
比較時	米	500(1kg)	12	6,000	80	125.0
	りんご	250(1kg)	4	1,000	20	83.3
	合 計			7,000	100	116.66

この例では個別指数は2つだが，これはいくつあっても計算方法は同じである。この例では16.67％物価が上昇したことになる。

実際の消費者物価指数の算定にあたっては，いわゆるバスケット方式が採用され，日常生活に必要な財やサービスのうち購入回

数の多い，食料，家賃，電気，ガスなど598品目が対象品目として選ばれている。

> 牛肉、卵、紙オムツ、胃腸薬、毛糸、鉛筆、はがき… 598品目

各品目の家計消費支出に占める割合がウエイトということになるが，このウエイトは，基準時（2000年）のモノとサービスに対する家計消費支出全体を10,000とする一万分比で表されている。

したがって，実際の消費者物価指数を求める式は次のように表される。

$$\frac{(個別指導 \times ウエイト) + (\text{〃}) + (\text{〃}) \cdots\cdots}{ウエイトの総和(10,000)}$$

※（　　）の数＝598

こうして，算定された近年の消費者物価指数は次のようになる。

2000年以降の各年の物価指数（全国）

	ウエイト	2000年	2001年	2002年
総合	10,000	100.0	99.3	98.4
食料	2,730	100.0	99.4	98.6
住宅	2,003	100.0	100.2	100.1
光熱・水道	651	100.0	100.6	99.4
家具・家具用品	369	100.0	96.4	92.9
被服・履物	568	100.0	97.8	95.6
保健医療	380	100.0	100.7	99.5
交通・通信	1,313	100.0	99.1	98.5
教育	398	100.0	101.1	102.1
教養・娯楽	1,130	100.0	97.0	94.9
諸雑費	456	100.0	99.8	100.0
持家の帰属家賃を除く総合	8,640	100.0	99.1	98.0

（出所）（財）矢野恒太記念会編・発行『日本国政図会 2003/4』

　これからわかるように，2000年を100としてみた場合，2001年，2002年と100を切っている。2003年について1月から7月までを取ってみてもやはり100を切り，98％台である。

2003年	1月	2月	3月	4月	5月	6月	7月
CPI	98.0	97.7	98.0	98.3	98.5	98.2	98.0

　先の記事によれば，そのように低下傾向を示す消費者物価指数が「医療・税負担増」などで物価押し上げ効果が発生し，春先以降**「消費者物価の下落幅が小さくなってきている」**のである。

暮らしぶりを反映する消費者物価の対象品目

　消費者物価指数は，消費生活で消費される598品目のモノとサービスがその対象品目であるわけだが，この対象品目は年月がたつにつれて重要度が低くなるものもあれば，高くなるものもある。このため総務省は現実の消費生活のあり方を正しく把握するために，5年ごとに対象品目とそのウェイトの変更を行っている。

　したがって，2003年は2000年に変更された基準に従うはずだが，次の見直し（2005年）を待たずに2003年1月に異例の見直しを実施し，それにより消費者物価指数は算定された（ただし2000年を100として算定）。すなわち，それまでの596品目にパソコン用プリンタとインターネット接続料の2品目が加わり598品目になっている。このように，消費者物価の対象品目の変化から暮らしぶりの変化がわかる。

2000年基準の見直しによる追加品目と改廃品目の例

追加された主な品目	廃止された主な品目
おにぎり	プレスハム
ミネラルウォーター	サイダー
発泡酒	物置ユニット
牛どん	電気洗濯機（二槽式）
温水洗浄便座	電球
粗大ゴミ処理手数料	テープレコーダー
人間ドック受診料	
レンタカー料金	
移動電話通信料	
パソコン	
外国パック旅行	
月謝（英会話）	
ヘアカラー	
振込手数料	

近年, 影を潜めているインフレ

インフレつまりインフレーション (inflation) とは, 物価水準が持続的に上昇する状態のこと, すなわち物価指数が上昇する状態のことである。逆にデフレつまりデフレーション (deflation) は, 物価水準が持続的に低下する状態のこと, したがって物価指数が下降する状態のことである。

では, 物価が急激に上がったり下がったりした場合, すなわち極度なインフレやデフレになった場合, 経済生活上どのような問題が発生するだろうか。

インフレになれば, 名目所得が上昇し日本のような累進課税制度の下では, 低所得者には実質増税となる。いわゆるインフレ税が発生する。

さらに, インフレになれば, 貨幣価値が低下し, 資金の借り手 (債務者) の負担を減少させるが, 資金の貸し手 (債権者) の利得も減少させる。つまり借金する者に有利に働く。逆に, デフレの場合は, 貨幣価値が増大し, 債務者の負担を高めることになり, 貸し手に有利に働く。

そして, インフレ, デフレのいずれにしても, 高率でかつ変動が大きくなると　将来の不確実性が高まり, 必要以上に家計や企業の行動は慎重になり, 経済を停滞させることになるのは間違いない。

さて, 日本の消費者物価はどのように推移してきたであろうか。1999年10月以降, 日本の消費者物価は下落しており, インフレ

という言葉すらあまり耳にしなくなったようである。

しかし，戦後の日本経済の歴史を振り返れば，デフレではなくインフレが問題になった時が圧倒的に多く，インフレをどのように克服するかが長く政策当局者の課題であった。

たとえば，戦後間もない頃は物不足でありとあらゆるモノの値段は高騰し，45年から49年にかけて消費者物価は90倍に跳ね上がっている（**ハイパー・インフレ**）。また，60年代は高度成長に伴い，じりじりと物価が上昇する**クリーピング・インフレ**が恒常化していた。

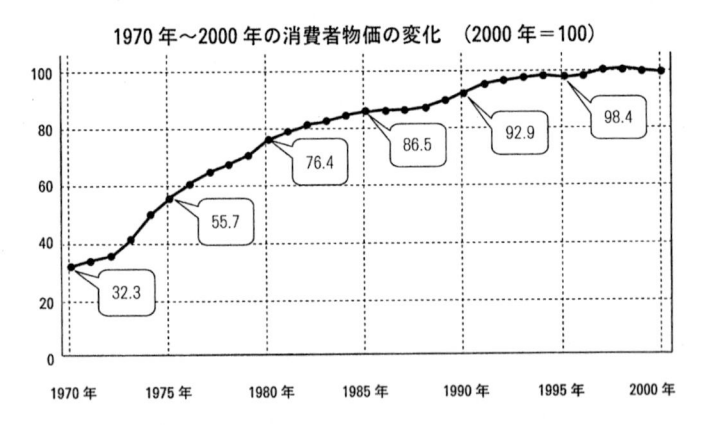

1970年〜2000年の消費者物価の変化　（2000年＝100）

年	1970	1975	1980	1985	1990	1995	2000
値	32.3	55.7	76.4	86.5	92.9	98.4	

そして，73〜74年の第1次石油危機の時は，石油価格が4倍に急騰し，天候不順で小麦や大豆などの国際価格が値上がりしたことなども重なって，国内の卸売物価は30％以上も急騰し，消費者物価も約20％上昇するという「**狂乱物価**」状態になった。

また79年の第2次石油危機の際も第1次ほどではないが深刻なインフレ状態になった。その後は，概して石油価格の下落や円

高の進行，規制緩和の進展などもあり物価上昇幅は低下した。しかしながら，近年のように物価が下落するということはなかった。

インフレの種類

このように，戦後の日本経済は概してインフレ基調で推移してきたわけであるが，インフレになるには必ず原因がある。その原因によってインフレは次のように分類されてきた。

需要インフレ

これは，需要が供給を大幅に超過して起こるインフレのことである。個人消費支出，財政支出，民間企業の設備投資と在庫投資，海外からの需要＝輸出などを合わせたものが「総需要」であるが，需要インフレは，これらの需要の増加によって物価が上昇するというものである。そして，どの需要が増加してインフレになったかによって，消費インフレ，財政インフレ，投資インフレなどとも呼ばれる。

戦後の日本経済を振り返ってみると，とりわけ高度成長期は，総需要はかなり早いスピードで拡大し続けたが，設備投資が活発でしかも生産性が高い設備が増え続けたために供給能力は一貫して高まりをみせ，極端な需要超過に陥ることはなく，この種のインフレは表面化しなかった。とはいえ，インフレ圧力は解消され，物価は安定していても，特定の分野（建設資材など）で供給不足が生じる場合はあった。その特定の商品価格急騰によって短期的に物価が上昇する場合は，「ボトルネック・インフレ」という。

輸入インフレ

　輸入製品の輸入価格が上昇し，それが国内商品価格に波及して物価を押し上げるというように，海外的要因に起因するものが輸入インフレである。とくに第1次石油危機の時にみられた。多目的に使用される原油の輸入価格が上昇することで，国内のあらゆる部門の生産コストが上昇し，国内物価が上がるという場合がこれである。

マネー・サプライ・インフレ

　物価上昇の要因が主にマネー・サプライ（通貨供給量）の増加にあるとするものである。つまり，民間企業や家計が保有している現金や預金（預金通貨）の量が増加すると，直接的にまたはインフレ期待によって企業や家計の支出が増加し（総需要が増加し），物価が上がるというものである。日本に即してみれば，たしかに，71〜72年，マネー・サプライが増加し（過剰流動性が発生し），土地や株などの資産価格のみならず，さまざまなモノやサービスの価格が上昇し，インフレ基調となっている。実は，73〜74年の原油価格の高騰によって加速化された（輸入）インフレが「狂乱物価」状態になった背景には，このようなマネー・サプライ・インフレの下地があったということもできる。

コスト・プッシュ・インフレ

　これは，企業が生産コストの上昇分を製品価格に転嫁する場合に起こる。生産コストの内訳は，原燃料費・人件費・金利・減価償却費などである。通常，コスト・プッシュ・インフレの例として説明されるのは，人件費の高騰に起因するインフレのケースが

ほとんどである。労働市場の逼迫による賃金の上昇，企業の寡占化の進行にともなって管理価格が一般化するなかで，人件費上昇が安易に価格に転嫁されるようになる場合である。ただし，日本では，労働生産性がきわめて高く，それが賃金上昇率を上回っていたこと，しかも日本の労働界は労使協調の性格が強く，賃上げが景気動向を反映した形でなされてきたことなどから，この型のインフレは顕在化しにくかった。

試してみよう

次のように，3つの商品のみを消費している社会を想定した場合，消費者物価指数はどのようになるだろうか。

消費者物価指数の計算表

		価格(円)	購入量(kg)	支払額(円)	ウエイト	物価指数
基準時	米	400(1kg)	12	4,800	60	100.0
	りんご	300(1kg)	4	1,200	15	100.0
	牛肉	500(100g)	2	2,000	25	100.0
	合計			8,000	100	100.0
比較時	米	500(1kg)	12		60	
	りんご	250(1kg)	4		15	
	牛肉	400(100g)	2		25	
	合計				100	

デフレ問題

1990年代後半以降，いわゆるデフレ・スパイラルという言葉がきかれるようになった。デフレとは物価下落状態をいうわけだが，それが単に物価下落というだけではなく，それが長期化し経済の収縮を伴う場合は問題である。デフレ・スパイラルとはこの状態をいうもので，近年，物価問題が議論されるときには，この問題に及ぶ場合が多かった。

デフレ深刻 消費者物価，2年連続のマイナス 需要の低迷が主因

2001年の全国の消費者物価指数が，生鮮食品を除く総合指数で前年比0.8％減と過去最大幅の下落を記録し，2年連続で減少したことは，日本経済が，物価下落を伴って，経済活動が落ち込んでいく危険なデフレスパイラルにはまりかけている姿をうかがわせている。

デフレが長期化しているのは，景気悪化で需要が低迷していることが主因だ。さらに，価格競争の激化や，中国などからの安い輸入品の増加が構造的な物価押し下げ圧力として働いている。特に，昨年から調査対象品目に組み入れられたパソコンは，ノート型で38％も下落し，全体の数値に大きく影響した。

政府は25日に閣議決定した「経済財政の中期展望」で、2003年度中にデフレを克服するシナリオを描いている。しかし，民間エコノミストなどの間では，デフレスパイラル阻止に向けて「説得力に欠ける」との批判も多い。

政府は短期的にはデフレ圧力を増すことになる構造改革を断行する姿勢を堅持しており，日銀も一定の物価上昇率を目標に金融政策を運

営する「インフレ目標」には消極的で，有効な対策を打ち出せないまだ．

　景気回復のための最優先課題がデフレ阻止にあることを厳しく認識し，政府・日銀は財政・金融政策や税制改革などを総動員して，デフレに歯止めをかける大胆な対応を急がなければならない．

(東京読売新聞，2002 年 1 月 25 日，夕刊)

デフレの原因

　前節でみたように，インフレはその原因により分類されているが，デフレについては原因ごとに，「○×デフレ」というような呼び方があるわけではない．ただ，インフレの原因が逆に働けば，それはデフレの原因ということになる．いくつか例をあげて説明しよう．

① 一般に好景気のときは需要が拡大しインフレ基調（需要インフレ）になるが，不況のときはこの逆で需要が伸び悩みデフレ基調になるといえる．上の記事も，この**「需要が低迷していることが主因」**といっている．

② 外国製品の値上げはインフレ（輸入インフレ）の原因となったが，安い外国製品が輸入されれば，それは物価下落の原因になる．輸入デフレとでもいうべきものである．

③ また，かつて高度成長期に大企業は高い生産性を維持できたが，技術革新が起こりにくい中小企業では生産性が低く，これがインフレの原因だとされたことがあった（これを生産性格差

インフレという)。だが，技術革新により生産性が高くなりコストがどんどん低下したとすれば，物価は上昇することはなく逆に下落することになる。

事実，技術革新が目まぐるしい家電・音響機器，とりわけパソコンでは，品質の向上した新製品を短期サイクルで供給し続けることができ，その実質的な価格はどんどん低下しており，それが物価下落に貢献している。

④　さらに，規制緩和による流通システムの改革はコストの低下をもたらす。このような産業構造的要因が物価下落の原因となることもある。

このように，デフレの原因はさまざまであり，実際は複数の原因が重なっている場合が多い。

そしてまた，一口にデフレといっても，いわば「悪いデフレ」と「良いデフレ」があることにも注意しておく必要がある。

「悪いデフレ」とは不況により需要が低迷し物価が下がることであり，「良いデフレ」とは技術革新など供給サイドの努力によって物価が下がることである。この後者の場合，不況で需要が減少したわけではないので，物価下落により消費者はより多くのモノ・サービスを購入するようになり，その結果，需要が増加し経済活動は活発になることが期待される。

通常，デフレという場合「悪いデフレ」の方を考えがちである。しかも，この「悪いデフレ」もさらにデフレ・スパイラルというより悪い事態に結びつけてしまいがちである。

デフレ・スパイラルとは

デフレ・スパイラルとは，単なるデフレの状態とは違い，物価の下落と経済の収縮とが相互に関係しあいながら，あたかも螺旋階段を降りていくかのように，景気が悪化の一途を辿る状態をいう。

デフレ・スパイラルに一旦陥ると，そこから抜け出すことは非常に困難で，陥ってしまう前に何らかの政策を実施することが極めて重要である。このデフレ・スパイラルは，日本では1997年から98年にかけて問題になった。

上の60-61ページの記事は，デフレが深刻さを増し，まさに日本経済がデフレ・スパイラルの縁に立たされている状況にあるといっている。

この記事が掲載された2002年1月は，前章でみたように，内閣府が景気の第13循環の谷に当たると判断した月でまさに不況の中にあり，このデフレ・スパイラルの議論が浮上するような状況にあった。

では，デフレ・スパイラルはどのようなメカニズムを通じて発生するのだろうか。

そもそも，家計からみれば，物価下落は実質所得が増加し，より多くのモノ・サービスが購入できるから，むしろ望ましいといえる。しかし，モノ・サービスを提供する企業サイドから見ると，物価下落は，製品の単価の下落を意味するから，売上や利益が圧迫されることになる。すなわち，負債の元利・利子の払いや所定

デフレ・スパイラルの構図

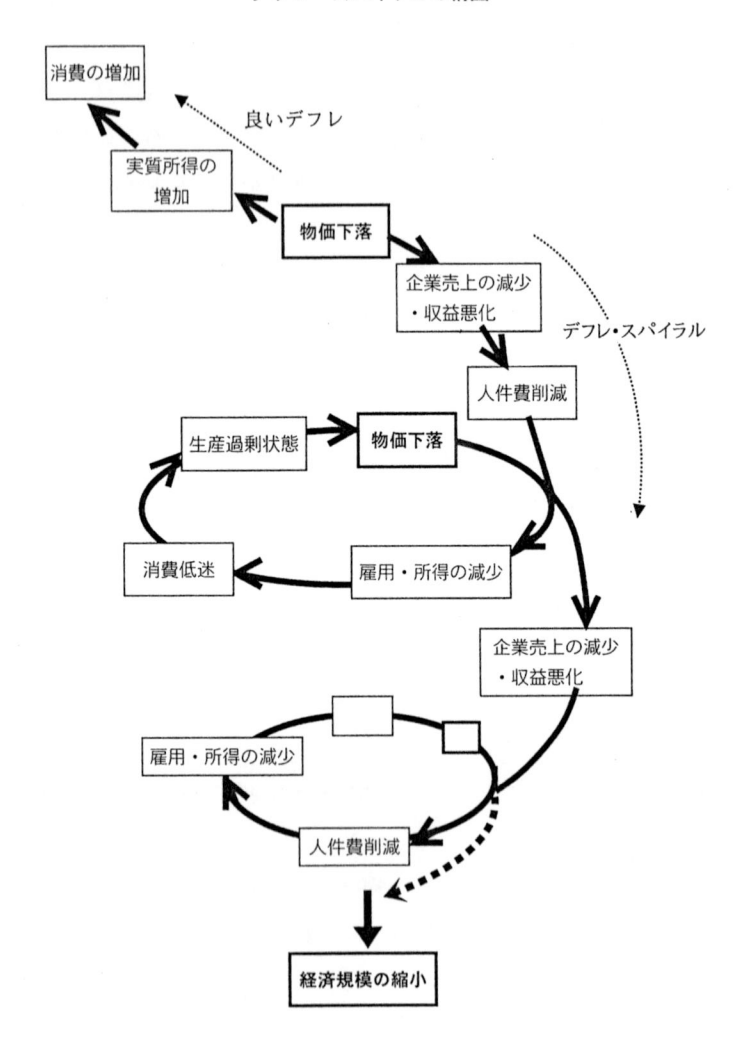

良いデフレ

- 消費の増加
- 実質所得の増加
- **物価下落**
- 企業売上の減少・収益悪化
- 人件費削減

デフレ・スパイラル

- 生産過剰状態
- **物価下落**
- 消費低迷
- 雇用・所得の減少
- 企業売上の減少・収益悪化
- 雇用・所得の減少
- 人件費削減

経済規模の縮小

内賃金などは名目値で契約されているから，すぐにはカットできず，それゆえ物価下落のテンポが速まると，それに伴い企業収益も急速に減少することになる。その結果，企業は事業規模の縮小に追い込まれることになる。いわゆるリストラが行われる。設備投資と雇用の削減，賃金カットが断行されると，そのために一段と需要が減少して，結局回りまわってさらなる売上・収益の減少を招来させてしまう。

このように，物価下落のメリットよりも，問題点の方が強く表れた場合に，支出の抑制，生産活動の抑制，雇用や所得の減少，さらなる支出の抑制，といった悪循環が発生し，スパイラルに経済規模は縮小していくことになる。

このデフレ・スパイラルに陥ったか否かを判断するには名目ＧＤＰに着目してみる必要がある。仮にデフレ・スパイラルに陥ってしまっている場合は，物価の下落と需要の減少が同時に起こるから，ＧＤＰデフレーターの下落と実質ＧＤＰの減少に伴って，名目ＧＤＰも減少することになる。

なお，名目ＧＤＰが減少していたとしても，ＧＤＰデフレーターが下落する一方で実質ＧＤＰが増加している場合は，デフレとはいえるが，デフレ・スパイラルに陥っているとはいえない。

デフレが不良債権を増やす

　デフレで物価が半分に下落したとすると，モノの値段や給料などは半分になるが，借金の金額だけが変わらないから借金の実質的負担は倍になり，借金を返済しづらくなる。このようにデフレは，借り手の負担を増加させ，企業や個人の破産を増加させる。そうなると，投資や消費などの需要も減少し，さらに物価が下落し，企業倒産が増加し……と，デフレと企業倒産の悪循環が起こる。これは，デフレによる債務（借金）の増加とデフレとの悪循環である。実は，この間のデフレ・スパイラルの議論はこの問題も含んでいた。

　近年，日本で巨額の不良債権が新たに発生したのは，まさに，このような事態になったからである。デフレで給料や物の価格が下がるので，個人は所得が増えず住宅ローンの返済が苦しくなり，企業は売上が増加せず借金の返済が苦しくなるから，貸し手の銀行からみれば不良債権が増加してしまうことになるのである。なお，このようなデフレによる借金の増加は，政府についてもいえる。デフレで，個人や企業の所得が減れば，国に納める税金も減るから，政府の税収が落ち込み，財政赤字が増えてしまう。その意味では，不良債権の増加と財政赤字の増加は，共にデフレが原因の一つであるということができるだろう。

　これに対して，不良債権が原因となって不況やデフレが長引くという見解もある。すなわち，企業も個人も借金の負担が大きいから，消費や投資などを活発に行うことができない，ここに不況

やデフレの原因があるということである。

確かに，これも事実であるが，デフレと不良債権との関係は，鶏が先か卵が先かの議論に似ていて，どちらが原因でどちらが結果かははっきりといえない。要するに，双方が相互に影響しあっている。

90年代後半以降の日本経済において，このデフレと不良債権のいわばかけあいが大きな問題となった。

難しいデフレ対策

　このようなデフレ・スパイラルの危機を回避すべく，政府は積極的な財政出動を行ってきた。しかしながら，デフレからの脱却はたいへん難しい。この間の経験からすれば，政府は支出を拡大させたものの，デフレは収束せず結果としては膨大な債務が残っただけともいえなくもない。

　そのようなか，一方で，日銀が「**一定の物価上昇率を目標に金融政策を運営する**」インフレ目標論が浮上した。要するに，日銀が金融を緩和して通貨供給（マネー・サプライ）を増やせば，物価は上昇し，デフレは克服できるという考え方である。つまり，日銀に，「消費者物価の上昇率2％」というように具体的なインフレの目標値を決めさせ，その目標に達するまで通貨の供給を続けさせるというものである。だが，記事にもあるように，日銀はこの考えには「**消極的**」であった。

　しかしながら，実際には，日銀は積極的な金融緩和策を講じることになり，かつてのバブルの時期を上回るほどの大量の通貨を供給してきた。500兆円の規模をもつ日本経済の運営に必要とされる通貨は，民間銀行のもとに4～5兆円あれば十分であるといわれるが，実はその3～4倍にあたる15～20兆円もの通貨が，その後，日銀から民間銀行に供給されたのである。

　では，このような政策でデフレは克服されたかというと，そうではない。日銀が通貨供給を増やしても銀行が実際に貸し出さなければ世の中に貨幣は出回らないことになる。また，仮に銀行が

貸し出そうとしても,借り入れてまでモノを買おうという企業や個人がいなければ,政策は空振りに終わるだろうし,実際そうであった。そこで,日銀に株式を購入させて株価の上昇を図り,消費・投資の拡大をねらうという考えも一部から出されほどであった(実際,日銀の株式購入は行われたが,それは銀行の保有株に限ってのことであり,株価下落による金融不安を解消させることを目的としたもので,直接,景気浮揚を意図したものではなかった)。

こうした政策実施の是非については,意見が分かれるところであろう。しかしながら,現実をみる限り目にみえた形でその効力が現れたとはいいにくい。

要するに,最も望まれることは,そのような対処療法的な政策もさることながら,新たな需要創造に結びつくような新産業の育成や行財政改革等を含むさまざまな抜本的な改革の実行であろう。

調べてみよう

近年の諸外国の物価動向を調べ,日本と比較してみよう。また,内外物価差の動向も調べてみよう。

第3章　財政活動と予算

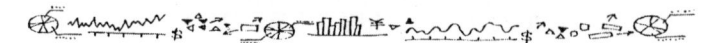

国の予算

　政府には果たすべきさまざまな役割がある。財政とはその役割遂行のために，政府が行う一連の経済活動の総称である。

　そして，予算とは，政府が一定期間（4月1日から翌年の3月31日まで）において行おうとする財政活動の内容の見積りともいうべきものである。したがって，予算をみれば政府がどのような政策目標のために，その財源をいかにして調達し，それをどのように支出しているかがわかる。いわば財政活動のプログラムともいうべきものである。

税収、歳出の51％に 来年度予算 財務省原案0.7％増の「緊縮型」
借金頼み再び加速　　国債依存度 最悪の44.6％

　政府の03年度予算財務省原案が20日，各省庁に内示された。一般会計は02年度当初比0.7％増の81兆7891億円で，政策的経費である一般歳出は同0.1％増の47兆5922億円。少子高齢化や失業者増で社会保障関係費が伸びるなか，歳出を抑えようとしている。だが，景気低迷や先行減税で，税収は同10.7％減の41兆7860億円。歳出に対する税収の割合は51.1％と，半分しかまかなえない未曽有の事態となり，財政の危機的状況は一層深まった。

　国債の新規発行は36兆4450億円に膨らみ，当初予算では最大。国債依存度は44.6％と，こちらも戦後最悪だ。03年度末の国債残高は約450兆円に上る見込みで，税収の11年分。ほかの主要国と比べても，財政の厳しさはぬきんでている。小泉政権は01，02年度に「国債発行30兆円枠」を掲げ，財政再建に取り組んだが，実際には「借金依存」が再び加速した。

　税収は16年前の87年度当初予算の水準。国税で1.5兆円の先行減税の影響もある。

　歳出は一般会計総額，一般歳出とも02年度をわずかに上回ったが，実質的には「緊縮型」といえる内容。少子高齢化などで，02年度と同じ政策や制度を続ければ一般会計で85兆5000億円，一般歳出で49兆円に膨らむと見込まれていたからだ。

　一般歳出の主要分野のうち02年度より伸びたのは3.8％増の社会保障関係費と，2.2％増の科学技術振興費だけ。社会保障関係費の内訳は失業対策費が18.1％，生活保護費が10％伸びている。………

一般会計		81兆7891億円		0.7%増
歳入	税　　　収	41兆7860億円	5兆300億円減	(▼10.7%)
	税外収入	3兆5581億円	8559億円減	(▼19.4%)
	国　　　債	36兆4450億円	6兆4450億円増	(21.5%)
	〈※国債依存度　44.6%　03年度末国債残高450兆円〉			
歳出	一般歳出	47兆5922億円	450億円減	(0.1%)
	社会保障	18兆9796億円	7028億円増	(3.8%)
	文　教科学振興	6兆4309億円	2747億円減	(▼4.1%)
	公共投資	8兆9117億円	3408億円減	(▼3.7%)
	防　　　衛	4兆9529億円	31億円減	(▼0.1%)
	地方交付税交付金等	17兆3988億円	3872億円増	(2.3%)
	国債費	16兆7981億円	1269億円増	(0.8%)
	公共事業等予備費	0円	0円	(—)
	財務投融資	23兆4115億円	3兆3805億円減	(▼12.6%)

(増減は02年度当初予算比、括弧内は伸び率、▼はマイナス、千万円単位で四捨五入)

（　朝日新聞，2002年12月20日，夕刊　）

　一口に予算といっても，予算には3種類ある。

　まず，何といっても国の予算の中心をなすものは**一般会計**である。通常，予算関連記事は一般会計を中心としたものになっており，上の記事も，2003年度の一般会計について関して報じたものである。

　この一般会計は，租税などの財源に基づき，社会保障や教育，公共事業などの基本的行政経費を賄う会計で，一般に予算という場合はこれを指す。

　この他に，国の予算としては，新聞で詳しくふれられることはないが，国が特定の事業を営む場合，あるいは特定の資金を用いてそれを運用する場合など，一般の歳入・歳出と区別して経理す

るような**特別会計**がある。現在，37の特別会計がある。

さらにまた**政府関係機関予算**がある。この政府関係機関とは，国民生活金融公庫のように特別の法律によって設立された法人で，その資本金が全額政府出資で，その予算について国会の議決を必要とする機関である。

予算の成立過程と財務省原案

まず，上の記事にあるような財務省原案は予算編成作業の過程においてどこに位置づくものなのかをみておこう。

予算は，通常次のような一連の手続きを経て作られていく。

① 概算要求枠の決定……財務省は，経済財政諮問会議の予算編成の基本方針の決定を踏まえ，あらかじめ各省庁が要求できる限度を決定する。

② 概算要求……それを踏まえて，各省庁は，要求重点事項の検討を行いつつ，具体的に翌年度の予算を見積って，その見積書を8月31日までに財務省に提出する。これを概算要求という。

③ 予算編成作業……財務省主計局が，この提出された概算要求に基づき9月から査定作業を開始する。

④ 財務省原案……査定の後，通常，概算要求額よりやや少なめの財務省原案を12月下旬にかけて作成。閣議了承の後，各省庁に内示する（2003年度原案は2002年12月20日）。上の記事は，この財務省原案段階の予算案について報じたものである。

⑤ **復活折衝**……内示を受けた各省庁は，それを検討し，財務省との間で折衝して，再度の調整を行う。これを復活折衝という。

⑥ **政府案**……この復活折衝の後，政府案ができあがる（2003年度政府案は2002年12月24日）。額面においてみれば，財務省原案と政府案との間では，総額では違いはない。ただし，政府案においては財務省原案の段階より若干額面が増えている省庁も出てくる。復活折衝で増額が認められた場合である。とはいえ，その財源は財務省があらかじめ調整財類（2003年度は5000億円）としてリザーブしておいていたものが充てられるので，総額は同じということになる。

⑦ **国会への予算案提出**……こうして決定された政府予算案は，会期150日の通常国会（例年1月に招集されるもので，予算審議を主たる目的とするもの）に提出され，そこでの審議・承認を得るプロセスに移る。

⑧ **予算成立**……予算案は，まず衆議院に提出され審議されなければならない。これを衆議院の予算先議権という。予算が衆議院に提出されると，財務大臣は，予算の編成方針やその内容，特色，財政政策に関する現状を説明する。この後，予算案は，衆議院の予算委員会で詳細に審議され（2月頃），さらに本会議で審議・議決される。その後，参議院に提出された予算案は，衆議院と同様な手続きを経て審議・議決される（3月頃）。こうして，予算は成立することになる。

予算が決まるまで

経済財政諮問会議が予算編成の基本方針を決定
⇓
翌年度の概算要求枠の閣議決定
⇓
各省庁，予算の見積もり作業
⇓
各省庁より財務省へ概算要求書提出
⇓
財務省，予算編成作業
⇓
財務省原案の閣議提出，各省庁への内示
⇓
復活折衝
⇓
政府案決定
⇓
予算案の国会提出
⇓
国会議決

歳入・歳出構造

さて，記事の中の表に現れている数値を念頭におきながら，一般会計の収入（歳入）と支出（歳出）についてみてみよう。

歳入面

通常，国の収入すなわち一般会計の財源は，大きく分けて3つの方法で調達される。まず第1は，**租税収入**。これは，個人の所得に課せられる所得税（税収の32％程度を占める），企業の所得に課せられる法人税（税収の23％程度），それに相続税・地価税（税収の3％程度）などの直接税（税収全体の58％強を占める），さらに消費税（税収の20％程度）や酒税（税収の3.5％程度）などの間接税（税収全体の40％強を占める）からなる。2003年度は41

兆7860億円と見積もられており，この中には広義の意味で租税といえる印紙収入も含まれている。

　第2は，**国債**である。予算は，歳入と歳出が常に一致するとは限らず，歳入を大幅に上回って支出しなければならない時がある。その際，必要な財政収入を確保するため，債券の発行を通じて借入れが行われる。これが国債発行である。これによる調達額は，2003年度は36兆4450億円にものぼり，歳入に占める比率＝国債依存度は「**戦後最悪の**」**44.6%**になっている。

　第3は，その他の**税外収入**。これは，たとえば専売納付金，官業益金および官業収入などの収入からなる。2003年度はこの部分が3兆5581億円になっている。

歳出面

　一般会計総額は81兆7891億円であるが，このうち政府が一般的行政活動を行うために使えるいわゆる政策経費は47兆5922億円となっており，「**02年度をわずかに上回ったが，実質的には**」「**緊縮型**」となっている。そして，このなから，社会保障関係費や公共事業関係費などが賄われていくわけである。

　それでは，残りの34兆1969億円はどのように使われていくのだろうか。

　この34兆1969億円は地方交付税と国債費を合わせた額になっているわけで，それらは，制度的に使途が決まっており，固定化している。つまり，国が自由に行政経費として使うわけにはいかない部分である。

　地方交付税（地方交付税交付金）は，国税として徴収された所

得税，法人税それに酒税の32%，および消費税の29.5%，たばこ税の25%を地方公共団体へその財源不足額に対して交付されるもので，地方公共団体の一般財源になっている。これが17兆3988億円にのぼる。

国債費は，過去の借金の返済に関わる経費で，その約60%弱がこれまで発行されてきた国債の利払いにあてられている。そして若干の事務取扱経費（2300億円程度）を除いた残り40%程度が元本返済のための積み立てにまわされている。

国の台所は破綻寸前？

上の歳入構造からわかるように，近年とくに2003年度においは，税収の減少による借入れが急増しており危機的状態にあると

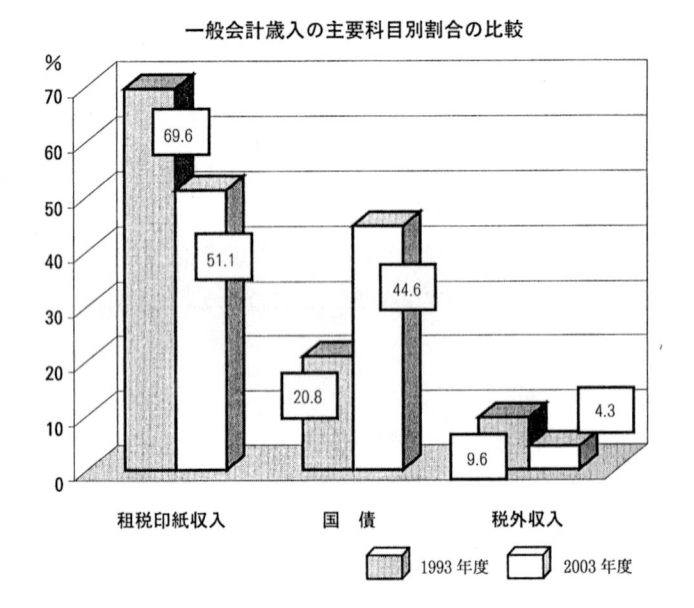

一般会計歳入の主要科目別割合の比較

科目	1993年度	2003年度
租税印紙収入	69.6	51.1
国債	20.8	44.6
税外収入	9.6	4.3

いえる。上の図は歳入構造を10年前と比較したものであるが、これからもいかに「借金依存」の体質が強まっているかがわかる。

このような現在の日本の財政構造を、一家の家計にたとえれば次のようにいうことができるだろう。

たとえば、年収が454万円の家計があったとする。そのうち給与所得が418万円〈租税収入に相当〉で、サイドビジネスの収入が36万円〈税外収入に相当〉。その収入のうち、家や車のローン返済に168万円があてられ〈国債費に相当〉、田舎の両親へその生活費の不足分を補うために174万円が仕送りされる〈地方交付税交付金に相当〉。こうして、342万円（168万円＋174万円）がまず使われ、わずかな残りが家族の生活費に回されることになる。だが、実際の生活費〈一般歳出に相当〉は切り詰めることができず476万円もかかってしまい、何と収入の80％に当たる364万円を新たに借入れてしまった。現在の日本の財政は、このような不健全な家計状況に、等しいといえるだろう。

日本の財政を家計に例えると

収　入	454万
（内訳）	
給　与	418万
サイドビジネス	36万

－

支　出	818万
（内訳）	
ローン返済	168万
田舎への仕送り	174万
生活費	476万

＝ －364万

新たな借金

財政投融資とは

上の記事の図表に「**財政投融資 23 兆 4115 億円**」とあるが、この財政投融資とは何か。

そもそも、財政投融資（財投）は、国が郵便貯金や厚生年金などの社会保険料などで集めた資金を、道路、鉄道、住宅、下水道、中小企業など、国民経済にとって重要であるが民間では採算がとれない分野、十分に資金が供給されない分野に、出資または融資する、公的金融のしくみであった。たとえば、高速道路建設のための日本道路公団への融資がこの代表例である。

その運用額は、例年、一般会計の半分以上の額面が計上されており、その国民経済に及ぼす影響が大きいところから**第 2 の予算**ともいわれてきた。

しかしながら、この従来の財投のしくみは 2001 年度の財投改革によって大きく変わった。

財投改革のポイントは、まず 2001 年 4 月から国民から受け入れた郵便貯金や年金保険料が金融市場で直接運用されるしくみになったことである。これまでは、これらの資金は、大蔵省（現財務省）の資金運用部に預託され、中小企業金融公庫などの政府系金融機関、日本道路公団などの公団や事業団など、いわゆる**財投機関**に貸し付けられていた。しかし、新しいしくみでは、郵貯は郵政事業庁が、年金保険料は厚生労働省がそれぞれ金融市場で自分の判断に基づいて自主運用する形になっている。

それに伴い、これまで郵便貯金や年金の資金を当てにしていた

財投機関は,新たに資金源を求めなければならなくなった。こうして,財投機関は**財投機関債**という新たな債券を発行して,必要な資金を直接金融市場から調達することになった。

従来の財投では,資金の調達と運用が別々の公的機関で行われていた。そのため,財投機関の事業の有用性・効率性の検証はなされずに簡単に資金が供給されるため,結果的にはその役目が終わった財投機関にも資金が回っていくことになり,少なからず資金(資源)の無駄遣いが発生していたといえる。

したがって,2001年の改革で,市場原理に則った資金調達がなされるようになれば,資金(資源)の無駄遣いも是正されることが期待される。

しかしながら,現実には,少なくとも財投機関債の発行については,改革がねらい通りには進んでいないようである。制度改革

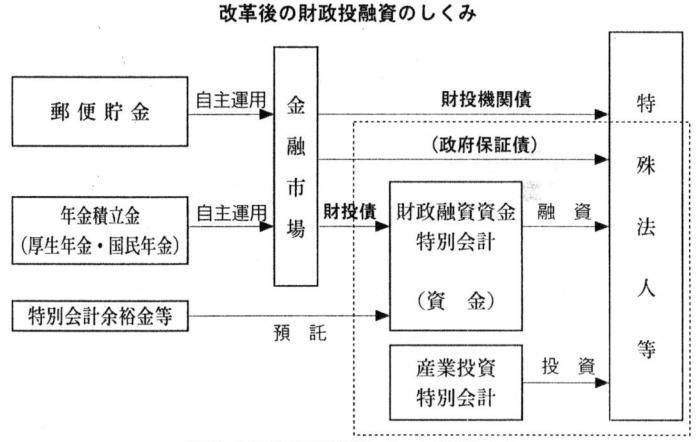

改革後の財政投融資のしくみ

(出所)財務省『財政融資レポート2001』より

後の財政投融資計画をみても,計画の8割は財投債の発行で賄われている。**財投債**とは,必要な資金を市場から調達できない財投機関のために(誰も貸してくれそうにない機関に対して),廃止された資金運用部に代わって新設された財政融資資金特別会計が発行する債券のことである。すなわち,後者の特別会計でいったん金融市場から資金を吸収しておき,それを従来のように財投機関に融資するというわけである。

こうした財投債に対しては,時代のニーズに合わなくなった財投機関の温存策と批判する声も少なくない。しかし,改革を進めるためには財投機関は大規模な人員整理や機関そのものの廃止を余儀なくされる。そのため,改革はなかなか進んでいないのが現状である。今のところ国が後ろ循になる財投債への依存度が急激に低下するとは考えにくい状況にあるといえる。

有料道路の優れた点

　高速道路と普通の市町村道や国道との違いはと問えば、「高速道路は有料で、国道などの一般道は無料という点が違う」とまずは誰でも答えるだろう。しかし、無料の道路も、実は誰かが、何らかの形でその費用を負担しており、その負担のあり方が、高速道路などの有料道路とは違うだけである。

　無料の道路の場合、通行人は、ガソリン税、軽油引取税や、自動車関係のもろもろの税金の形で、道路の建設費や管理費を負担する。これに対して、有料道路はその都度、利用に対して通行料を支払い直接負担する。

　こうした負担の仕方の違いは、実はその事業のあり方に影響を及ぼす。

　つまり、国道などの無料の道路の場合、その費用は税金という形で納められており、その税金がどこでどのように使われているのかは分かりにくく、無駄な公共事業の増加につながる危険をはらんでいるのである。

　これに対して、有料道路は、自分が使う道路の建設費、管理などの費用を直接負担するから、利用と負担の関係がきわめて明確になる。交通量が少なく、料金収入の少ない有料道路は、本来、経営が成り立たないはずである。したがって、有料道路は、道路の建設に経済的合理性、効率性をとりいれた最良の方法だともいえよう。利用度が低く効率の悪い、いわば無駄な道路が建設されることを防ぐ効果がある。

有料道路では，借入金を使って短期間で道路を完成させ，料金収入で管理費と借入金の金利を支払い，残った金額は借入金の元本の返済に向けられることになる。料金収入で金利や管理費も賄えない有料道路は，借入金がどんどん増えていく。もし，そうなったとすれば，そのような地域に有料道路を造ること自体，間違っていたということである。

欧米では，民営のみならず，公的な機関が運営する有料道路でもプロジェクトごとに事業計画が公表され，それに基づいて道路債券が発行され，建設資金の調達が行なわれるのが普通である。確かな交通量が見込まれない計画は実行できないのである。

2001年の財投改革では，各事業主体が財投機関債の発行によりその事業経費をまかなえるよう最大限努力することを要求している。この財政改革の背景，とりわけ日本道路公団改革の背景にはこのような考え方がある。

雪だるま式に増える借金

　冒頭の記事にあるように，2003年度の予算は，歳入の4割強を国債発行に頼っている**戦後最悪**の状態にある。「**03年度末の国債残高は約450兆円に上る見込み**」とも報じている。この借金を子供から老人まですべてを含めた日本国民1人あたりに換算すると約375万円になる。3人家族なら一世帯で約1125万円の借金を抱えていることになる。

そもそも国債とは

　国債とは，いうならば国が発行する転売可能な「借用書」のようなものである。わかりやすくいうと，国債には，「あなたから○○万円を借り受けました。それは○年△月までに○％の利子をつけて返します」といった趣旨が記されている。国は，この国債を郵便局や銀行などの窓口で国民に売り出すという形で，国民からお金を借りるわけである。ちなみに，この転売可能な借用書を債券という。会社が資金を集めるために発行する債券を社債と呼んでいる。国債とは，国が発行する債券という意味である。ちなみに，上の財政投融資の説明で出てきた公団などの特殊法人が発行する財投機関債も，国（財政融資資金特別会計）が発行する財投債も，同じくこの債券なのである。

　国債には，償還（返済）期限が1年未満の短期国債，1年以上5年未満の中期国債，5年以上の長期国債，15年以上の超長期国債がある。

　日本では，1965年の不況時に長期国債を発行して以来，毎年

発行されている。国債発行によって得た資金は、当初は公共事業などの特定の使途に限定されていた。この国債を**建設国債**と呼ぶ。しかし、1975年度以降、不況にともなう財源確保のために、経常的支出（一般的行政経費）に充当するための国債が発行されるようになった。これが**特例国債**（通称、赤字国債）である。この「特例」という言葉には、（本来やるべきではないが）今回に限って「**特例として**」という意味が込められている。

このような国債発行が毎年続き、国債残高は増え続け、国債償還やその利払いのための国債費が増大して、財政を圧迫しているのである。

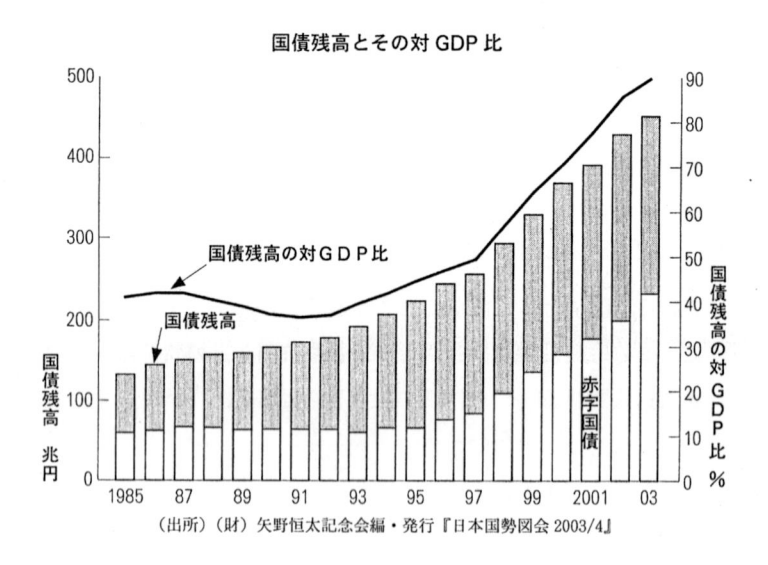

国債残高とその対GDP比

（出所）（財）矢野恒太記念会編・発行『日本国勢図会 2003/4』

第3章　財政活動と予算　87

なぜ財政赤字はいけないか

財政赤字は次のような点で問題である。

▶各世代間の不公平……政府の借金は税金で返済するわけであるから，われわれは将来世代へ税負担を強制していることになる。確かに，建設国債により調達されて建設されるインフラには，将来世代に便益を与えるものも少なくないだろう。しかし一方，将来世代に負担だけを転嫁するような（特例国債による）財政赤字も，少なからずある。

▶金利の上昇……90年代後半以降，大幅に緩和された金融政策や設備投資低迷のため，現実には歴史的な低金利が続いている。

財政赤字の問題点

```
                    ┌─ 世代間の不公平
       ┌─ 雪だるま式に増える国─┤
       │  債費をまかなうための  └─ それ自体、消費を
       │  増税                      冷やし、景気
       │                            後退を招く
       │
       │                クラウディン    景気の低迷
財政    │  高金利（および  グ・アウト    （高金利のマ
赤字 ───┼─ 金利の高止まり）─ (民間の設備 ─ イナスの効果   ─── 活力のある経済・社会の実現に大きな足枷
の累    │                  投資を抑制）   は国際経済に
増     │                                 も波及）
       │
       │  日本の財政政策       輸出は増大す   国民の生活水
       ├─ に対する国際的 ─── るが輸入イン ─ 準の切下げ
       │  信用失墜からく       フレ
       │  る円の下落
       │
       │  財政の硬直化および無理な下    失業率の上昇
       └─ 支えによるわが国経済の構造 ─ 等の社会問題
          調整の遅れ
```

（出所）加藤治彦編『図説日本の財政　平成14年度版』東洋経済新報社の図を修正

しかし，構造的財政赤字を放置すれば，景気が回復して民間の資金需要が高まったときに，政府が資金を吸い上げている状態にあるために金利は高止まり状態になり，民間へ資金が供給が制限されるという**クラウデイング・アウト**状態が発生する。

▶財政に対する国際的信用の低下……政府債務があまりに大きいと，国民は将来の増税を警戒し始めるかもしれない。またそれだけではなく，海外の格付機関が日本国債の格付けを引き下げているように，外国人が日本の財政が長期的に維持可能でないと判断すれば，円安になることも考えられる。資源に乏しく食糧自給率も低い日本にとって，それは望ましいことではない。

▶財政の硬直化……国は債務の利払いだけで年間約10兆円支払っている。債務の元利払いがかさむと，財政が本来の役割を果たせなくなる心配が出てくる。さらに，そもそも財政赤字の原因が産業・経済へのいわば「無理な」てこ入れ策によるものだとも考えられなくもなく，そうであれば財政赤字の拡大＝わが国経済の構造調整の遅れの証しともいえるのである。

どうして発行残高は増えるか

　ではどうしてこのように国の借金は増えてしまったのだろうか。そのきっかけは，1973年に起きた原油価格が一気に4倍に跳ね上がった第1次石油危機であった。それまでの日本経済は高度成長期で，歳入は，一部，建設国債で賄ったが，基本的には企業や個人からの税金だけで十分に賄えた。しかし，第1次石油危機で経済が打撃を受けると，税収は大幅に落ち込んだ。以来「税収で足りなくなったら，国債を発行して埋め合わせする」という悪しき習慣ができてしまった。80年代末のバブル景気の影響で，一時特例国債発行はゼロという年もあったが，その後の再び赤字国債を発行し続けている。とくに，1998年以降，国債発行額は毎年30兆円台を記録し続け，一段と残高を増加させている。つまり，借金を返せる当てもないまま借金に借金を重ねているのである。先に現在のわが国の歳入歳出を家計にたとえて説明したが，そのような不健全な家庭（国家）経営が年々続いているのである。

　だが一方，国債残高が増加する背景には，次のような事情があることにも注目しておく必要がある。すなわち，国債の60年償還ルールの存在である。

　単純に考えてみれば，仮に年々，同規模の借金を続けたとしても，長期的にみれば残高はある時点から増えることはない。

　たとえば，毎年10年の期限で100万円借り続けるとしよう。そうすると，残高は2年目は200万円，3年目は300万円……，10年目は1000万円となるが，11年目は最初の100万円が返済されて1000万円となり，その後の残高は1000万円のまま変わらな

いということになる。したがって、もしその残高がどんどん増え続けていくとしたら、毎年の借金の額が大きくなっていくか、元本を返すべき時に返せなかったか、もしくはその双方か、いずれかの理由が考えられる。わが国の国債残高がなぜ減らないかというと、いうならばこの双方の理由によるといえるのである。

わが国の場合、実は満期になっても元本が返済されていない国債がある。というより、正確にはいったん返してまた借りるという「**借換え**」が行われているのである。

建設国債の場合、その対象となる道路や港、公園などの効用発揮年数（平均寿命）を約60年とみたてて、基本的には、この60年間かけて現金で償還し終わるようなしくみがとられてきた。

たとえば、代表的な10年国債の場合、償還期日が来た10年後に、6分の1だけを現金で返し、残りの6分の5は新たに国債を発行し借り換える。つまり、この国債は、最初の発行額の6分の5に当たる新たな10年国債に衣替えすることになる。次に10年後に、最初の発行額の6分の1を、借り換えた新しい国債にとっては5分の1だけを現金で返して、残りは借り換える。これを10年ごとに繰り返して、60年後に最初の国債を完全に返し終わることになる。

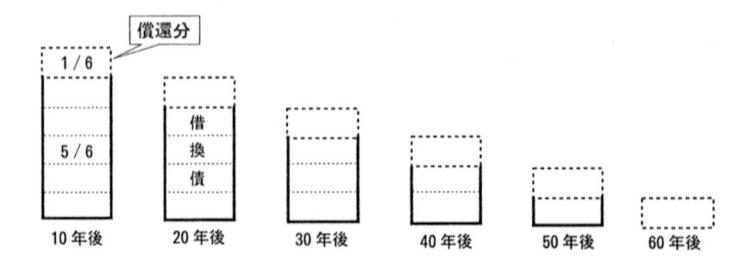

この借り換えのために発行する国債を「**借換債**」と呼んでいる。借換債も国債には違いないが，新たな借金をするわけではないので，一般会計の新規の国債発行額には含まれない。

なお，このような借換債の発行は建設国債のみに認められていたが，多額の特例国債の償還が始まった1985年から特例国債でも行われるようになっている。こうした償還方法をとっているから，国債残高は減らないともいえるのである。

調べてみよう

- 日本の財政事情と欧米諸国のそれとを比較してみよう。
- 今現在，財政赤字解消に向けて，今現在どのような改革努力がなされているか調べてみよう。

財政の機能と歳出項目

本章の冒頭で取上げた記事は，2003年度予算の財務省原案に関するものであるが，その財務省原案が出されて4日後の2002年12月24日に政府案が決まり公表されている。この政府案段階の歳出の明細は右のようになっていた。

一般歳出の項目を財務省原案に比べると，社会保障関係費や文教・科学振興費などが若干増えている（総額では変わらない）。政府は，この予算案を通常国会に提出し承認を得て，4月から執行することになる。

一般会計 歳入と歳出

（単位・百万円，伸び率は02年度当初予算比，▼はマイナス）

【歳 入】	03年度概算額	伸び率(%)
税　　収	41,786,000	▼10.7
税 外 収 入	3,558,078	▼19.4
国　　債	36,445,000	21.5
合　　計	81,789,078	0.7

【歳　出】主要経費別内訳

◆社会保障関係		
生 活 保 護	1,521,684	10.0
社 会 福 祉	1,727,075	0.3
社 会 保 険	14,651,379	3.5
保健衛生対策	514,157	▼2.0
失 業 対 策	576,436	18.1
計	18,990,731	3.9
◆文教・科学振興		
義務教育費国庫負担金	2,787,864	▼8.8
国立学校特別会計へ繰り入れ	1,525,606	▼1.3
科学技術振興	1,229,782	3.9
文 教 施 設	157,002	3.6
教育振興助成	665,546	▼0.1
育 英 事 業	115,431	▼2.4
計	6,471,231	▼3.5
◆国 債 費	16,798,069	0.8
◆恩 給 関 係		
文 官 等 恩 給	48,238	▼7.3
旧軍人遺族等恩給	1,082,885	▼5.3
恩給支給事務	3,919	▼2.6
遺族，留守家族等援護	67,812	▼6.8
計	1,202,854	▼5.5
◆地方交付税交付金	16,392,632	1.8
◆地方特例交付金	1,006,168	11.4
◆防 衛 関 係	4,952,967	▼0.1
◆公共事業関係		
治山治水対策	1,211,922	▼4.7
道 路 整 備	2,079,278	▼6.6
港湾空港鉄道等整備	574,862	▼2.3
住宅都市環境整備	1,494,682	2.3
下水道水道廃棄物処理等施設整備	1,374,309	▼5.7
農業農村整備	878,880	▼4.9
森林水産基盤整備	370,574	▼2.1
調 整 費 等	39,905	▼10.5
小 計	8,024,412	▼3.9
災 害 復 旧 等	72,674	0.0
計	8,097,086	▼3.9
◆経 済 協 力	816,071	▼4.7
◆中小企業対策	172,881	▼7.1
◆エネルギー対策	656,691	▼2.2
◆食料安定供給関係	687,509	▼5.8
◆産業投資特別会計へ繰り入れ	163,604	12.4
◆その他の事項経費	5,130,584	1.1
◆予 備 費	350,000	0.0
合 計	81,789,078	0.7

（朝日新聞，2002年12月25日，朝刊）

財政に期待される役割

そもそも、財政に期待される役割・機能とは何か。この点をまず考えてみよう。

❶**資源配分の調整**……われわれが生きる資本主義経済では、民間企業の経済活動において、競争的な市場機構の働きにより資源の望ましい配分が達成されることが期待される。すなわち、原理的には、ありとあらゆる商品（パンであれ、自家用車であれ、また労働力であれ）において、供給者（生産者）と需要者（消費者）の自由な売り買いの結果、市場において形成される一定の価格において、社会的に必要とされる量が過不足なく（売れ残りもなければ、品不足もないように）提供されるというものであり、その意味でムダなく諸資源が活用されること(資源の最適配分)が期待されるわけである。しかし、国防・治安の維持や運輸通信施設・公園などの社会資本のような国民福祉にとって極めて重要であるものの、利潤を目的とする民間企業によっては供給されないもの（企業にとって売り買いの対象になりにくいもの）や、最先端大規模技術開発・教育・住宅・医療などのように、民間だけでは十分に供給されないもの、これらについては政府の役割に依存せざるをえない。「資源配分の調整」とは、このような社会資本建設に資源が向けられることによって、社会全体の諸資源の利用（配分）が変更・調整されることをいうわけである。

❷**所得の再分配**……所得・富の不平等を是正するような施策を施

す必要がある。すなわち、所得税などにおいて累進税率を適用することによって、高所得者には重く、低所得者には軽く課税すると同時に、一方において生活保護費や恩給費などの移転的支出あるいはその他の社会福祉関係の支出や低家賃住宅への支出などによって、所得の再分配を行う必要があるということである。

❸**経済の安定と成長の実現**……景気変動による失業などの社会不安を緩和するために機能する。それには2つの方向から働きかける。一つは、財政の中に制度的に組み込まれている自動安定化装置＝**ビルト・イン・スタビライザー**である。この安定化装置とは、具体的には累進税率構造の所得税や比例税の法人税、それに社会保障制度を指す。つまり、社会全体でみた場合、不況期には勤労者の収入は少なくなり所得税の支払いも減少していく。しかし、所得税支払額の減少の程度は可処分所得（税金などを支払った後の手元に残った所得）の減少の程度より相対的に低く、不況期でも可処分所得の大幅な減少は起こりえない。これは企業の利潤についても同じである。しかも、不況であれば、失業給付などの社会保障支出は増加し、生活困窮者の所得は確実に確保される。そうすると、社会全体における所得は不況期でも一定に維持されることになり、社会全体の購買力（有効需要）は確保される。こうして、自然に、生産されたモノやサービスに対する受け皿は不況期でも確実に準備され、経済は安定に向かうというわけである（なお、景気が加熱しインフレが加速しそうな時は、逆に働

く)。

　もう一つは,政府が経済状況に応じて行う,裁量的な財政政策的手段である。たとえば,不況期は,国債発行により財源を確保し,財政規模の拡大,公共事業の前倒し執行を行い,さらに減税などを実施して景気を刺激する。また,景気が加熱しインフレが加速する時は,財政規模を抑制,公共事業執行の繰延べ,さらに増税を行って,経済の安定化を図る。このように,財政を積極的に景気安定に機能させる政策を**補整的財政政策**(フィスカル・ポリシー)と呼んでいる。

　以上,3つの機能は財政の機能の「いろは」である。財政の機能は,その歴史的・社会的状況に応じて変化するし,今日のような複雑な経済構造においては,この3つのほかにさまざまな機能がさらに付加されているのはいうまでもないが,この3つの機能は財政をみるにあたって,まず押さえておくべき観点である。

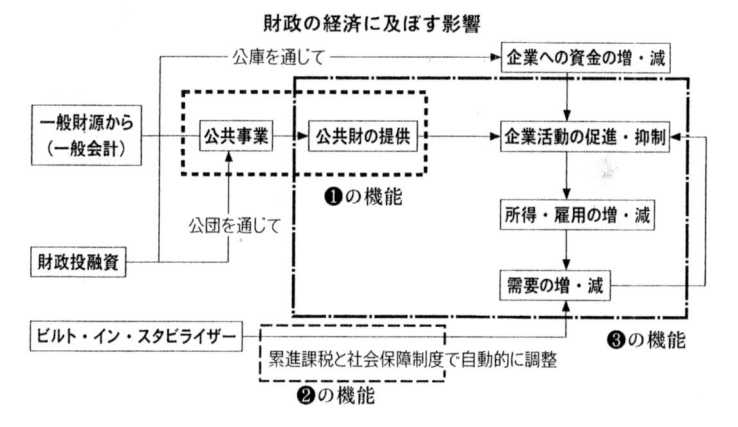

財政の経済に及ぼす影響

```
                    公庫を通じて              企業への資金の増・減
          ┌─────────────────────→              ↓
一般財源から    公共事業  公共財の提供          企業活動の促進・抑制
(一般会計)                                       ↓
                  公団を通じて                 所得・雇用の増・減
                                                 ↓
財政投融資                    ❶の機能          需要の増・減

ビルト・イン・スタビライザー                     ❸の機能
          累進課税と社会保障制度で自動的に調整
                    ❷の機能
```

公共投資と「風が吹けば桶屋が儲かる」の論理

　道路・港湾などの社会資本の拡充・整備のために政府が行う投資活動は，景気対策や経済発展という観点からみてきわめて重要である。社会資本への投資は，それ自体が直接に建設資材や賃金の支払となってあらわれるから，企業の設備投資や家計の消費支出を刺激するなどの波及効果が期待される。

　この波及効果のことを専門的には**乗数効果**と呼んでいるが，この乗数効果の理論は，江戸時代の小話にある「風が吹けば桶屋が儲かる」の話に似ている。

　たとえば，AさんがBさんから100万円のある品物を買ったとしよう。そうするとBさんは100万円の売り上げをしたがって所得を得ることになる。今度は，Bさんはその所得の一部でCさんからある品物を買ったとすると，そこにCさんに所得が発生する。そして，Cさんも同じようにどこかの誰かから品物を買ったとする。このように，買い物の連鎖が続いたとすれば，Aさんの最初の100万円の買い物をきっかけに，どこかで誰かが新たな所得を得て，社会全体では100万円どころか，その数倍の所得が発生してしまうとことになる。

　この最初の買い物（公共投資）を政府が行うと考えてみよう。

　たとえば，100億円の公共投資（道路建設）がなされたとする。そうすると，ある建設会社（A）に100億円の所得が発生する。この所得は分配され，そのうち0.6が消費され（新たな所得の増分のうち消費に向けられる割合を限界消費性向というが，それを

ここでは 0.6 とする），0.4 が貯蓄にまわる。そして 60 億円（60 兆円×0.6）は他の企業からの商品購入というかたちで再び企業（B）の所得を増加させる……。

このような循環過程が続くと，国全体の所得は最終的には次のように増加する。

$$100+60+36+\cdots\cdots=100\times\{1/(1-0.6)\}=250 \text{億円}$$

すなわち，所得の増加＝独立投資／（1－限界消費性向）（ここでは独立投資＝公共投資）という公式で計算される。

したがって，この例では，最初の 100 億円の公共投資（政府の買い物）のお陰で，社会全体では 250 億円の所得が生み出されたことになる。このように，公共投資は需要を誘発させ所得を増加させるのである。

ただし，今日の日本では，第一次石油危機以降，乗数効果は低下しているといわれている。その理由には，①産業構造の変化にともなって，公共投資の一次効果の受益者である鉄鋼・化学などの素材型産業が基幹産業ではもはやなくなっていること，②限界消費性向が低下傾向にあること，などがあげられる。とはいえ，60 年代の高度成長期にはこの波及効果は顕著に現れた。

なお，この公共投資の役割として，長期的経済発展という点から次の点にも注目する必要がある。社会資本がもたらす「**外部経済効果**」（市場を通すことなく他の経済主体に有利な影響を及ぼす現象）である。たとえば，輸送時間を大幅に短縮させる道路ができたために，その分，企業の生産コストが低下し，ひいては産業全体の生産性向上に結びつくというような場合である。

2003年度の歳出項目

さて、2003年度の一般会計政府案の歳入・歳出の項目に従って、歳出のありようについてみていくことにしよう。

この経費別にみた歳出項目のうち、国債費・地方交付税などを除く一般歳出項目でみた場合、主に財政の果たすべき基本機能で、❶の機能に関わっているものは、文教・科学振興費、防衛関係費、公共事業関係費など、❷の機能に関わるものが、社会保障関係費、❸の機能に関わるものが公共事業関係費、中小企業対策費など、ということになるだろう。いくつかの主要項目をみてみよう。

▶社会保障関係費……これは、財務省原案段階では総額18兆9796億円だったが、政府案では18兆9907億円と100億円ほど増えている。その内訳は、生活保護費、社会福祉費・社会保険費・保健衛生対策費・失業対策費の5つからなる。とくに、生活保護費は扶助基準が引き下げられたものの、失業対策費とともに厳しい経済状況を反映して、10%以上の伸びを示している。内容的にも、少子化対策関連の経費も入り、ホームレス対策費は自立支援法の制定により27億円と倍増しているなど、時代の要請を反映したものとなっている。

▶文教・科学振興費……これは、財務省原案段階より400億円多い6兆4712億円となっている。この中で最も支出額が多いのは義務教育費国庫負担金で、これはそもそも義務教育の機会均等とその質向上を目的として支出されるものであるが、2003年度は学力向上策や科学技術水準向上策に重点が置か

れ，それに対して前年の3.5倍に当る49億円が計上されているのが眼を引く。また，ハード面の重点施策である学校施設の耐震化に151億円が当てられている。

▶防衛関係費……財務省原案より1億円ほど多い4兆9530億円であるが，前年度より0.1％減っている。例年どおり，かつてから問題にされてきた対GDP比1％枠にギリギリ収まっている（対GDP比0.993％）。

▶公共事業関係費……施設費を含む公共投資関係費は前年度3.7％減の8兆9117億円。復活折衝でも増額はなく財務省原案と同額であった。従来型の公共事業のあり方が問われ，その有用性さらには経済効果という点で疑問視されている向きもあるが，本来❶さらには❸の機能を果たす上で重要なものであることには違いない。要は，真に国民生活において必要であり，長期的にみて日本の産業発展に寄与するような基盤整備がなされるべきだということである。この項目のなかで最も支出額が大きいのは道路整備費である。これは文字通り❶の機能の遂行である。2003年度においては，ＥＴＣ（自動料金収受システム）の普及のための割引制度に65兆円が計上されているが，今後，情報基盤整備など，時代に即応して新たなインフラ整備が行われていくであろう。

▶経済協力費……これは，❶～❸の機能とは関係しないが，経済大国となったわが国としては，当然要求される経費である。わが国政府は,国民経済における役割のみならず,国際社会における役割も期待されている。いわゆる途上国援助（ＯＤＡ）

の拠出額は8578億円と予算総額からみるとさほど大きなものではないが、世界ではトップである。2003年度についていえば、具体的には食糧増産援助の削減や事業合理化により歳出が圧縮されたこともあり、前年比5.8%の減になっている。ただ、一般無償資金協力や緊急無償資金協力では若干の増額が図られ、「顔の見える援助」として、シニア海外ボランティア新規派遣や青年海外協力隊員新規派遣が行われている。

調べてみよう

政府が果たす役割は、その時々の社会の要請を受けて変化するものである。今日、環境対策についてはどのような名目でどのように支出されているか調べてみよう。

地方財政の現状

　日常生活において，身近な行政サービスは国ではなく都道府県，市町村などの地方自治体によって提供されている。そして，その行政サービスも，国（中央政府）が担うべき業務が委任事務という形で地方自治体の手に委ねられていることがたいへん多かった。

　市町村は，戸籍や住民登録の管理，生活保護などの社会福祉，公立幼稚園や学校などの教育などわれわれの生活に身近な業務を行っている。都道府県は，河川の工事，産業基盤の整備，警察の管理と運営など市町村の範囲を超えた広い地域にまたがる業務を担当する。このように，政府の役割という場合，これら地方自治体の役割をも含めて考えなければならない。

市町村財政、進む硬直化　地方債残高は 6338 億円　山形

　県は 10 日，県内 44 市町村の 01 年度財政状況をまとめた結果を発表した。歳入の総額は 5269 億円。景気の低迷が影響し，税収が伸び悩んだ結果，前年度と比べて 0.6％ 減少した。また，歳出総額は 5077 億円で，実質収支は 162 億円の黒字だった。とはいえ，経常収支や起債制限の各比率がいずれも高止まりし，県内の市町村の財政構造は総じて硬直化，借金への依存も高めている。政府の地方財政改革の進展次第では，一段と厳しい財政運営を強いられそうだ。

　地方税収など自治体の裁量で比較的自由に使える一般財源が歳入に占める割合は 64.2％ で，昨年度より 1.3 ポイント減ったものの，全国平均よりは高かった。市町村別では河北町と遊佐町が 70％ を超え

た。尾花沢市（51.0％），鮭川村（51.5％）などは財源を伴う独自の政策が取りにくいことになる。

政府の「三位一体改革」は，税源委譲を進めて一般財源の柱である自治体独自の収入の地方税収を高めようというもの。だが，代わりに使用目的が決まっている「ひも付き」補助金の削減，さらに地方交付税も見直すとしている。地方税収は1366億円で，歳入全体の25.9％しかないが，見直すとされた交付税は1717億円と32.6％を占める。国の財政状況もひっ迫する中，単純な税源委譲に難色を示す声は強く，改革の行方が今後の財政事情に大きな影響を与えるのは確実だ。

歳入のうち，地方債の発行で得た金額は614億円。前年度よりも43億円増え，県内全体での地方債残高は6338億円となった。借金で財政をやり繰りし，首が回らなくなりつつある苦しい台所事情をうかがわせる。………

（朝日新聞，2003年6月11日，朝刊）

苦しい地方の台所

現在日本には，1都1道2府43県のほかに，672の市（東京23区を除く），約2000の町，約560の村がある。それぞれが地方自治法上では地方公共団体と呼ばれ，それぞれが国と同様の予算制度により運営されている。これらの地方公共団体＝地方自治体は，それぞれ異なった自然条件のもとに立地し，産業経済の上からみても，農業や漁業の第一次産業に支えられた自治体から，製造業を基盤とした自治体，あるいは観光・サービスに依拠した自治体などさまざまであるが，財政運営もそれぞれの特徴を反映した形

でなされている。地方財政は，国の一般会計に当たる**普通会計**と国の特別会計にあたる**公営事業会計**からなっている。

上の記事は，山形県の 2001 年度の財政状況に関して報じたものであるが，その傾向は他の自治体と共通したものとなっている。

歳入歳出構造

全国の地方自治体の普通会計の歳入・歳出構造を 2003 年度の地方財政計画に従って考察してみよう。

地方自治体の歳入のうち，①住民税や事業税，固定資産税などの地方税収入，②地方譲与税（地方道路税や自動車重量譲与税など国税として徴収されたものが地方に戻されたもの）③地方特例交付金（平成 11 年度以降の減税措置に伴う地方税収入の減少を一部補填するものとして国が交付するもの），それに④地方交付税交付金の4つが**一般財源**である。これは，それぞれの地方自治体が自由に使える部分で使途が限定されていない部分である。2003 年度についてみれば約 52 兆円で，歳入総額に占める割合（一般財源比率）は 60.2% となっている。これに対して，国からの地方への事務の委任に伴って支出される国庫支出金と地方債が**特定財源**であり，その使途は限定されている。地方自治体の財源は，その性格の違いから，このように一般と特定の 2 つに分けられる。

だが何といってもこの財源（歳入）の構造をみるうえで注目されるのは，構成比において 17.5% を占める地方債の大きさである。2003 年度の地方債発行は 15 兆 718 億円で国債発行額の 2 分の 1 に相当し，またその残高は 2003 年末で 199 兆円と見込まれている。したがって，日本の中央・地方の双方をあわせた広義の

地方財政計画歳入歳出　　　　（単位：億円，％）

区　分	2003年度	構成比	前年増減率
（歳入）			
地方税	321,725	37.3	▲6.1
地方譲与税	6,939	0.8	11.2
地方特例交付金	10,062	1.2	11.4
地方交付税	180,693	21.0	▲7.5
国庫支出金	122,600	14.2	▲3.6
地方債	150,718	17.5	19.2
使用料及び手数料	16,386	1.9	1.3
雑収入	52,984	6.1	0.9
計	862,107	100.0	▲1.5
（歳出）			
給与関係経費	234,383	27.2	▲1.1
一般行政経費	210,263	24.4	1.1
補助	98,414		2.7
単独	111,849		▲0.3
公債費	137,673	16.0	2.5
維持補修費	10,068	1.2	▲0.6
投資的経費	232,868	27.0	▲5.3
補助	84,068		▲5.0
単独	148,800		▲5.5
公営企業繰出金	32,052	3.7	▲0.4
企業債償還費普通会計負担分	22,433		1.8
その他	9,619		5.2
不交付団体水準経費	4,800	0.5	▲40.0
計	862,107	100.0	▲1.5
地方一般歳出	697,201		▲2.0

（出所）　総務省ホームページ http://www.soumu.go.jp より作成

政府の借金はゆうに600兆円を超える膨大な額になってしまう。

　歳出面においてみるならば，27％を占める給与関係経費，16％を占める公債費，それに上の表には現れていないが一般行政経費のなかに含まれる扶助費（生活保護費が中心でほぼ6～7％

を占める)からなる義務的経費が約50%を占め,柔軟で弾力性に富んだ財政運営を困難にしている。

地方財政の健全度を測る尺度

通常,地方自治体の財政の健全度を測る尺度として,**財政力指数**や**経常収支比率**,それに**起債制限比率**などがあげられる。

財政力指数とは,自治体が標準的に収入として確保しうる税収額(基準財政収入額)を一定水準の行政を確保するために必要な一般財源額(基準財政需要額)で割った数値である。これが高いと自主財源の割合が高く,財政力が強いとみなされる。

経常収支比率とは,一般財源のうち,人件費や公債費,扶助費など一定の使途のみに支出される経費に充当されるものが占める割合。この比率が町村で75%,都市部では80%を超えると,財政の弾力性が失われつつあるとされる。

起債制限比率とは,地方債の発行を調整するための指標で,地

都道府県の財政構造 (2001年度)

	財政力指数	経常収支比率(%)	起債制限比率(%)
北海道	0.34265	91.2	14.0
山 形	0.27176	88.4	13.8
東 京	1.02342	90.3	11.6
愛 知	0.83416	96.8	13.4
大 阪	0.72095	103.1	13.1
鳥 取	0.21866	81.6	11.2
熊 本	0.31088	88.1	15.0
全 国	0.40501	90.5	12.3

(出所) (財)矢野恒太記念会編・発行『日本国勢図会 2003/4』

方税(標準税率によって算出),普通交付税など毎年度恒常的に入ってくる財源の合計額に対する公債費の割合。この比率が20%以上になった自治体は,原則として地方債の発行は許可されない。上の表から,これらの指標がどのような状態にあるか容易に察せられる。いくつかの都道府県の例を示せば次のようになる。

上の記事(101-102ページ)にある2001年の山形県は,財政力指数は東京都や大阪府,愛知県などと比べれば著しく低く,自主財源が乏しい状態にある。また,経常収支比率は88.4%で80%を超えており,財政の硬直化が進んでいることもわかる。

進むか地方分権

本来,地方自治体は,**住民自治**と**団体自治**との精神に基づき,独自の行政単位として,自主性をもって政策決定などの行政運営にあたるのが望ましい。近年,話題に上った「地方分権」はこの考え方に立つ。

従来,わが国では,国と地方の関係でいえば,地方に対する国のコントロールが強すぎて,そのために効率的な運営が妨げられてきたという指摘がなされてきた。確かにその傾向は今も変わらず,上の地方財政計画歳入歳出の表からも容易に察せられる。

まず,歳入面における地方交付税交付金や国庫支出金の占める割合が大きいことである。そして,歳出面において一般行政経費や投資的経費のなかで補助の割合が大きいこと,それは国からの委託による事業(事務)が多いことと関係する。さらにいえば,その委託された事業(事務)には,本来ならば地方がやるべきも

のが多く,それを国の管理下で補助金を出して地方にやらせているのである。そして,その運営がともすれば地域の実情からかけ離れた形でなされるという問題も発生している。

したがって,このような状況から,①国から自治体への補助金を削減し,②地方交付税を縮減するとともに,③国から地方への税源委譲を行うという「**三位一体改革**」を実施し,国の権限を地方へ大幅に移譲していこうというプランも登場した(この改革は,2003年6月27日に閣議決定された「経済財政運営と構造改革に関する基本方針」の中で表明された)。

地域住民の生活が多様化し,高齢化もさらに進展すると見込まれる現在,まさに,住民の身近なニーズを汲み取った地方政府のサービスが求められており,こうした従来の地方行政のあり方の問題点が早急に是正されることが望まれている。

さて,地方分権については,90年代後半以降,地方分権推進法に基づいてその枠組みが準備されていた。そして,2000年4月に**地方分権一括法**(地方分権の推進を図るための関係法律の整備等に関する法律)が施行されて,具体的な一歩が踏み出され,2003年6月のいわゆる「三位一体改革」に至っている。

地方分権一括法の内容は,国の地方への関与の見直し,市町村合併の推進など多岐にわたっている。

国の地方への関与の見直しにより,従来の中央集権型の行政システムの中核部分をなしていた機関委任事務制度は廃止されるに至っている。その結果,従来の地方自治体の事務体系は次のように変更された。

地方自治体の事務体系の変更

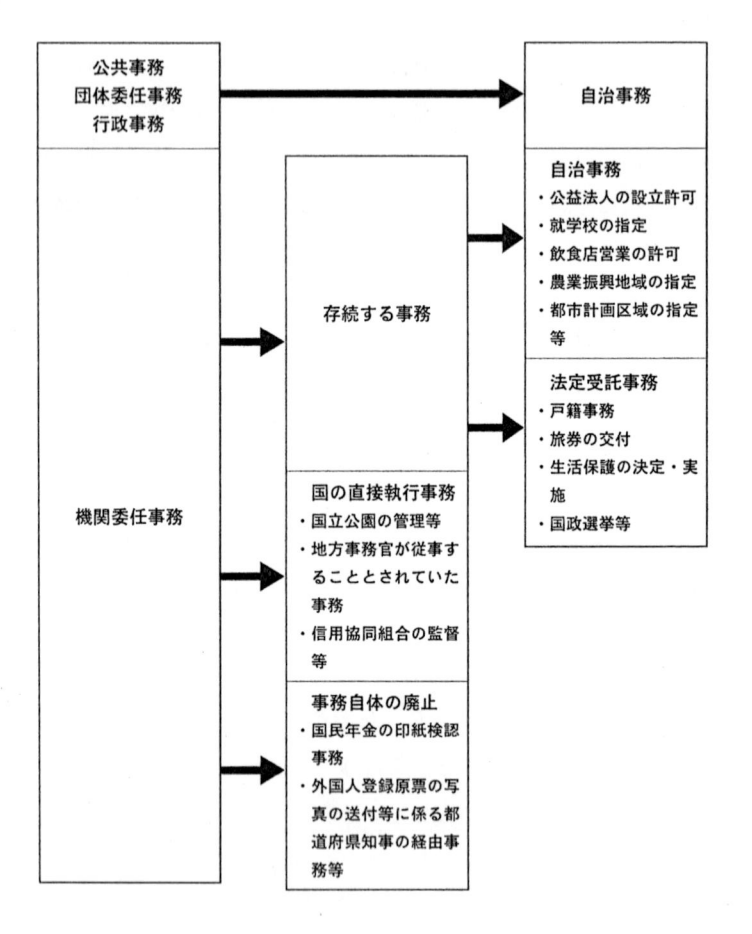

```
┌──────────────┐
│ 公共事務      │─────────────────────────→ ┌──────────────┐
│ 団体委任事務  │                              │ 自治事務      │
│ 行政事務      │                              └──────────────┘
├──────────────┤     ┌──────────────┐      ┌──────────────────┐
│              │     │              │      │ 自治事務           │
│              │     │              │      │ ・公益法人の設立許可 │
│              │     │              │ ───→ │ ・就学校の指定     │
│              │────→│ 存続する事務  │      │ ・飲食店営業の許可 │
│              │     │              │      │ ・農業振興地域の指定│
│              │     │              │      │ ・都市計画区域の指定│
│              │     │              │      │  等              │
│              │     │              │      ├──────────────────┤
│              │     │              │      │ 法定受託事務       │
│              │     │              │      │ ・戸籍事務         │
│              │     │              │ ───→ │ ・旅券の交付       │
│              │     │              │      │ ・生活保護の決定・実│
│              │     │              │      │  施              │
│ 機関委任事務  │     │              │      │ ・国政選挙 等      │
│              │     ├──────────────┤      └──────────────────┘
│              │     │ 国の直接執行事務│
│              │     │ ・国立公園の管理等│
│              │────→│ ・地方事務官が従事│
│              │     │  することとされて│
│              │     │  いた事務        │
│              │     │ ・信用協同組合の監督│
│              │     │  等              │
│              │     ├──────────────┤
│              │     │ 事務自体の廃止   │
│              │     │ ・国民年金の印紙検認│
│              │     │  事務           │
│              │────→│ ・外国人登録原票の写│
│              │     │  真の送付等に係る都│
│              │     │  道府県知事の経由事│
│              │     │  務等           │
└──────────────┘     └──────────────┘
```

(出所) http://www.bunken.nga.gr.jp

この地方分権一括法のなかでも，最も「分権」を意識させたのが，自治体の新税の創設である。従来，自治体には法定外目的税は認められていなかったが，一定の条件のもとで行なえるようになった。その結果，自治体の間で**独自課税**の動きが活発化した。

具体的には，自転車駐輪税，レジ袋税，産業廃棄物税，河口湖遊魚税，東京都のホテル税や大手金融機関への外形標準課税（司法の場で争われた）など多岐にわたる。ただ，いずれも税となると関係者の利害対立が厳しい。課税の公平性をめぐって納税側との軋轢が表面化し，実現しなかったものも多くある。

今のところ，これらの新税はいずれも大幅な増収に結びつくものは少なく，財源不足の補塡というよりは，自治体のスタンスをアピールするという側面が強かったといえるかもしれない。また，新税の創設によって分権型の財政運営が可能になったというより，新税の創設を通して議論が活発化したことの方が意義深かったともいえるだろう。住民からかけ離れた税ではなくより身近な税が模索され，そのことを通して地方分権のあり方が考えられるようになったとすれば好ましいことである。

今後は，地方分権を本格的に推進するためには，新税の導入とともに，いやそれ以前にまず所得税や法人税などの基幹税の税源移譲（三位一体改革の一つの柱）をどのように行うが問題となろう。そうした地方の財政基盤が確保されてはじめて地方分権へ向けてのさまざまな改革は実効性をもつようになるであろう。

自然環境保護のために地方が独自に課税

　国は，地球温暖化の原因である二酸化炭素（CO_2）の発生を抑制するため，石油などの燃料やCO_2の排出事業者に負担を求めるという，環境税の導入を検討している。だが，この自然環境保護を目的とした税の導入は，2000年4月の地方分権一括法施行に後押しされて，国よりも地方がより積極的であり，また下の例にあるようにその土地柄にあったユニークなものが多い。

青森県 岩手県 秋田県	産業廃棄物税	産廃の流入抑制とリサイクル促進を目指し，04年1月に共同導入。 産廃1トン当たり1000円。
神奈川県	水源環境税	水道料金への上乗せなどで水源を保護。
山梨県	ミネラルウォーター税	天然水の採取企業から徴収
静岡県	環境税	富士山の環境悪化を防ぐため，登山者を対象とした課税を検討。
岐阜県	乗鞍環境保全税	乗鞍岳に乗り入れる車に課税。
滋賀県	湖面利用税	琵琶湖での水上バイクやプレジャーボートなどの利用者を対象。
広島県 岡山県 鳥取県	産業廃棄物税	産廃1トン1000円。
高知県	森林環境税	県民税に一律500円上乗せ

調べてみよう

- 自分が住んでいる都道府県や市町村の財政状況およびその問題点について調べてみよう。

第4章　金融市場と日銀

通　貨

　われわれの住む現実の経済社会は，お金を交換の仲介とすることによって成立している「貨幣経済」である。われわれは当たり前なものとして日常生活の営みのなかでお金を遣う，これを経済学の教科書では**貨幣**と呼んだり**通貨**と呼んだりしているが，実際は明確な使い分けはされていない。しかし，日本銀行は明確に分けている。すなわち，日銀は，500円，100円，50円，10円，5円，1円の硬貨を**貨幣**と呼び，1万円，5000円，2000円，1000円の**日本銀行券**（お札）を合わせて**現金通貨**と定義している。ここでは，この通貨について考えてみよう。

通貨供給量、7月1.8％増、7ヵ月連続伸び1％台

　日銀は8日、7月の通貨供給量(マネーサプライ)を発表した。代表的な指標である「M2＋CD」(現金，要求払い預金，定期性預金，譲渡性預金の合計）は685兆1000億円。前年同月比1.8％の増加となった。五月以降は伸び率はいくぶん拡大傾向にあるが，日銀の量的緩和にもかかわらず，7ヵ月連続で1％台の低い伸びにとどまっている。

　M2＋CDの前年同月比の伸び率は6月と同じだった。季節調整済みの前月比は2.9％増で6月の4.6％増から伸び率が縮小している。

　7月速報値の内訳をみると，現金は前年同月比5.2％増，普通預金などの要求払い預金は4.9％増と，いずれも小幅ながら伸び率が拡大した。ただ，譲渡性預金が9.6％強とマイナス幅を広げた。

　M2＋CDに郵便貯金や投資信託，国債などを加え，より幅広い通貨の動きを示した広義流動性は前年同月比で0.9％増。国債や政府短期証券（FB）などが増えたため，6月の0.4％増から伸び率が拡大した。

（日本経済新聞，2003年8月8日，夕刊）

「お金」の役割

通常，経済学のテキストでは，お金の役割として次のような点があげられる。

▶**交換手段**……もし，「物々交換」の世界であれば，取引相手が自分の欲しいものを持っているだけでなく，同時に，自分が取引相手の欲しいものを持っている必要がある。しかし，お互いがそれぞれ欲しいものを持っていることはめったにないから，なかなか取引は成立しないだろう。そこで，お金を使えば，自分の持っているものを売ってお金をもらい，そのお金と好きなものと交換することになる。サラリーマンであれば，労働サービスを提供し，会社からその労働の代金をお金でもらい，そのお金で好きなものを買うということになる。

▶**価値尺度**……日本国内であれば，モノやサービスの価格は「円」で表示され，われわれはその数値を比較することで個々の商品の価値を判断する。もし，お金がない物々交換の経済で「りんご10個はニワトリ1羽」，「みかん20個は鯛1匹」というようにそれぞればらばらに評価されていたとすれば，それらの価値関係はどのようになっているか即座には判断できない。そこで，それらの価値を測る「ものさし」としてお金が必要になってくる。

▶**価値保蔵手段**……お金は価値を貯めておく手段として機能する。つまり，お金を貯めておくということは同価値の商品を購入する（手に入れる）力を保有することに等しいということで

ある。昔からお金として，石，貝殻，硬貨，紙幣と腐らないものが使われていたのは，この価値貯蔵機能があるからであった。

いわゆるマネー・サプライとは

このように，3つの役割を果たすのがお金すなわち現金通貨であるが，現在どれだけの現金通貨（キャッシュ）が出回っているのだろうか。現金の流通高は年によって異なるが，2002年末には約80兆円が流通していた。

では，この約80億円の現金通貨だけしか，上のお金の役割は果たさないのだろうか。実はそうではない。現実の経済では，現金だけではなく預金もその役割を担っている。

預金通貨

普通預金はキャッシュ・カードですぐに現金に換えることができる。また，クレジット・カードでの買い物の支払いは普通預金の引き落としであるから，結局，普通預金で買い物を行っている

種類別通貨流通高　2002年末

	億円	％		億円	％
日本銀行券×	754,718	94.7	500円	17,047	2.1
10,000円	683,832	85.7	100円	10,187	1.3
5,000円	25,135	3.1	50円	2,310	0.3
2,000円	7,697	1.0	10円	2,077	0.3
1,000円	36,370	4.6	5円	627	0.1
貨　幣×	43,664	5.5	合　計	798,383	100.0

※1円は410億円。×その他とも
（出所）（財）矢野恒太記念会編・発行『日本国勢図会 2003/4』

のと同じである。つまり，われわれは，いつも持ち歩く現金の入った財布と預金という金融機関に置いてある財布の2つの財布を持って生活しているようなものである。

この預金をどこまで通貨として認めるかによって，その通貨の範囲は異なってくるが，ともかく現実の通貨という場合，預金を含めて考える必要があり，また実際，そのような預金を預金通貨と呼んでいるのである。そして，現金通貨と預金通貨の合計が**通貨供給**すなわち**マネー・サプライ**（正確には，銀行以外の企業や家計が持っている現金通貨，預金通貨，準通貨などの残高）である。

いわゆるM1という場合，それは現金通貨＋要求払い預金（当座預金，普通預金など）を指し，M2は，M1に準通貨（定期預金や外貨預金）とCD（譲渡性預金：銀行が発行する無記名の預金証書）を加えたものである。また，**広義流動性**という場合，それはM2に郵便局やJA，信用組合，労働金庫などの金融機関に預け入れた預貯金，金銭信託，投資信託，金融債，国債，外債などを加えたものである。わが国のマネー・サプライは，**代表的な指標**とされるM2＋CDでみれば600兆円台にのっている。記事にあるように2003年7月のそれは685兆円であった。

マネー・サプライ（2002年平均残高） （単位：億円）

M1（通貨残高）	3,191,545	CD	217,469
現金通貨	637,627	M2（M1＋準通貨）＋CD	6,685,152
預金通貨	2,553,917		
準通貨	3,276,137	広義流動性	13,193,709

（出所）（財）矢野恒太記念会編・発行『日本国勢図会 2003/4』

どうしてマネー・サプライは増えたり減ったりするか

現金通貨の供給は、①日銀の市中銀行に対する貸し出しや市中金融機関が保有する国債などの買い入れ、②財政資金の対民間支払いの超過、③経常収支黒字（円高）の場合などに外国為替特別会計から引き出される外貨の購入代金、などいくつかの方法によって行われる。これに対して預金通貨は、市中金融機関の**信用創造**によって供給される。

この信用創造とは、いわば金融機関の貸出しの連鎖によって世の中の預金通貨の総量が増えていくメカニズムをいうものである。

たとえば、甲がA銀行に1000万円を預金したとする。そうすると、A銀行は預金を取り崩しに来る人のための支払準備金としてその一定率を残して貸し出す。この支払準備の一定率（支払準備率または預金準備率といい日本銀行が指示する）を10％と仮定すると、A銀行は1000万円のうち100万円を支払準備として留保し、残りの900万円を乙社に貸付けたとする。この900万円を借り受けた乙社は、これをB銀行の預金口座に入金する。このような関係が次々と続いていくと考えられる。

信用創造のメカニズム

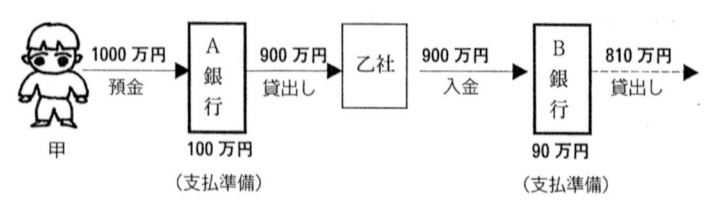

甲 →1000万円 預金→ A銀行 →900万円 貸出し→ 乙社 →900万円 入金→ B銀行 →810万円 貸出し→

A銀行 100万円（支払準備）
B銀行 90万円（支払準備）

そうすると，1000万円の預金を元に社会全体ではその数倍（9倍）の貸出しが行われることになる。すなわち，それだけ通貨供給が増加することになるのである。

　それを計算式で示すと次のようになる。

$$1000 \times 1/0.1 = 1 万円$$

　このようにして現金通貨の供給および預金通貨の供給はなされるわけである。

　一般にマネー・サプライが増加する原因はいろいろあるが，そのなかでも大きな要因としてあげられるのは，民間企業の資金需要の増大である。一般に，景気との関係でマネー・サプライをみれば，景気の拡張局面ではそれが増大し，後退局面ではその伸びは小さくなる。したがって，先にみた景気動向指数・ＤＩの先行系列のなかの１指標としてマネー・サプライがあげられていたのは，このような事情に基づくのである。

Column　お札に関するミニ知識

　お札（日本銀行券）は，時代とともにその姿形は変わるものである。福沢諭吉像の1万円札はかつての聖徳太子像の1万円札よりも一回り小さく（約2割縮小），5000円札，2000円札，1000円札と縦の長さは同じである（76mm）。それは，CD・ATMや自動販売機などでの使い勝手を考慮したものであろう。目の不自由な人のために識別マークもつけられている。そして，さまざまな偽造防止対策が講じられている。

　たとえば，10色以上の色を使った凸版と凹版の多色重ね刷りという高度な印刷技術が使用され，和紙の手すきや伝統技術を応用したすかしの技術を駆使してきわめて精巧な人物像や模様が入れられており，偽造や変造はきわめて困難になっているといわれる。さらに，それに加えて，日本銀行は金融機関から持ち込まれた銀行券の鑑査を行っており，偽造・変造されたものが含まれていないか厳重にチェックし，偽造・変造された銀行券が再流通することを防止しているそうである（日本銀行金融研究所編『新しい日本銀行』）。

　これらの高度な銀行券製造技術やチェック体制によって，銀行券の偽造・変造を困難にしていることが，お札それ自体への信認を高めることにつながっているといえるだろう。

　さて，このようなお札，もし破けたり，燃えたりした場合，どうすればよいか。

　実は，表・裏両面があって，一定部分が残っていれば，一定の

基準に従いきれいなお札と引き換えることができるのである。なお，燃えて灰になったお札でも，その灰がお札であることが確認できればその灰の部分の面積も考慮に入れて考える。

その基準は次のようになっている。

- 残っている部分の面積が全体の3分の2以上あれば，1万円札は1万円として，全額として引き換えられる。
- 残っている部分の面積が全体の5分の2以上，3分の2未満であれば，1万円札であれば5000円として，半額として引き換えられる。
- 残っている部分の面積が全体の5分の2未満の場合は，お札としての価値はなく無効である。

考えてみよう

マネー・サプライと物価との関係はどのように説明されるだろうか，考えてみよう。

金融市場

お金を貸し借りする場が金融市場である。では、この金融市場のしくみどのようになっているか。また、日銀はこの市場とどう関わっているのか。以下では、この点を考えていこう。

日銀、コール市場を「封印」— 無風のまま9月期末越えへ

短期金融市場が無風のまま9月中間決算期末を越えそうだ。日銀が大量の資金供給と吸収を組み合わせ、市場の資金偏在を調整してきたためだ。……

▼金融機関が手元資金を調整し合うコール市場は9月中間期末を翌日に控えた29日も閑散とした取引に終始した。多くの金融機関が期末越えの資金繰りにメドをつけたとみられ、市場は「取り手不在」。運用希望の注文が残る展開となった。

今年の9月末越え取引は1〜2週間物など期間が短めの取引も低調だったのが特徴。通常、期末が迫れば大手銀行などが資金繰りを固めようと調達に動き、資金の出し手は信用リスクをさほど意識しなくてもよい、期間が短めの取引で応じる。ただ取り手不在の今年はこうした動きは見られず、無担保コールの取引残高は9月上旬から4兆〜15兆円程度で横ばいのままだ。

▼「最終日の30日も波乱はなさそうだ」との声は多い。昨年は現金担保付き債券貸借(レポ)市場への資金流入が細り、証券会社の資金繰りが悪化。期末最終日には無担保コール翌日物金利が急騰し……。

今年はレポ市場に大手銀行などの運用資金が順調に流れ込んでおり、

レポ市場を震源とした混乱は起きそうもない。

　背景には日銀による大量の資金供給がある。特に8月中旬に長期金利が急騰して以降，日銀は短期金利への波及を防ぐために年末や年度末を越える期間の長い資金供給オペを強化。結果的に「金融機関の9月末越えの資金調達が加速した」（大手銀行の資金担当者）このため大手銀行などが期末直前にレポ市場での運用を手控えるといった現象は起きていない。

　　　　　　　　　　　　　（日本経済新聞，2003年9月30日，朝刊）

お金のレンタル料＝金利

　「金融」とは，文字通りお金を融通することをいうわけだが，だれかがだれかにお金を融通した（貸した）場合，借りた人は金利を払うことになる。中世から近世にかけてヨーロッパ世界では，お金を貸して利子（金利）をとれるかが問題になった。「貨幣は子を産まぬ」という思想から利子を否定的にとらえた時代があったようだか，今では利子（金利）は常識である。金利はいわばお金のレンタル料と解釈されているといってよい。

　それでは，この金利はどのようにして決まるのだろうか。

　最も基本的な考え方は，お金に対する需要と供給の関係で決まるというものである。

　なぜ，人はお金を手元に持っておこうと思うかを考えてみよう。お金をそのまま持っていても金利は付かないので，不利なようにも思えるが，しかし，お金があれば，買い物をする際などは，即

座に代金の支払いができて便利である。この利便性が**流動性**と呼ばれるもので、この流動性があるからこそ人々は金利を稼げなくてもお金を持とうとするのである。

いま、何らかの理由で、世の中の人々がこれまでより多くお金を手元に置いておきたいと思うようになったとする。そうなると、資金を借り受けようとする人は困ることになる。お金の貸し手が少なくなるからである。このとき、お金の借り手はどう対応するだろうか。これまでより高い金利を支払うことによって借りようとするだろう。こうした動きが一般化すれば、金利は上昇することになるだろう。

逆に、お金はもう十分持っているので、そのお金をだれかに貸してレンタル料を稼ぎたいと思う人が多くなれば、今度は、お金を借りる人の立場が強くなる。そして、金利は低下する。

このように、世の中にあるお金の供給量に比べて需要の方が大きければ、金利は上昇し、小さければ低下することになる。

金融市場

このお金を貸し借りする場が金融市場である。さて、貸し借りの際、後でトラブルが発生しないように、貸し借りを行ったことを証拠立てる「借用書」を借り手は貸し手に渡さねばならない。また、借り手は貸し手に対してレンタル料である金利を借用書と引き換えに支払わなければならないということになる。

さらに、その借用書は転売可能である。もし転売された場合、レンタル料の支払いと元本の返済は転売された人になされること

になる。こうして借用書は流通することになる。

　したがって，金融市場はお金が融通される場には違いないが，直接的な貸し借りの場（発行市場）と貸し借りの証文（借用書）のやり取りの場（流通市場）という2つの側面をもつことになる。そして，金融市場という場合，借用書の種類によって2つに分類される。

長期金融市場（資本市場）

　国が発行する借用書である国債を取引する市場を債券市場（国債市場）という。会社の発行する借用書である社債が取引される社債市場も整備されつつある。国債市場と社債市場を合わせて，**公社債市場**という。国や社債の場合，借り手の国や企業は金利を貸し手に支払う。国債や社債は貸し借りの期間が1年以上であるところから，それらが取引される——正確には新たに発行され

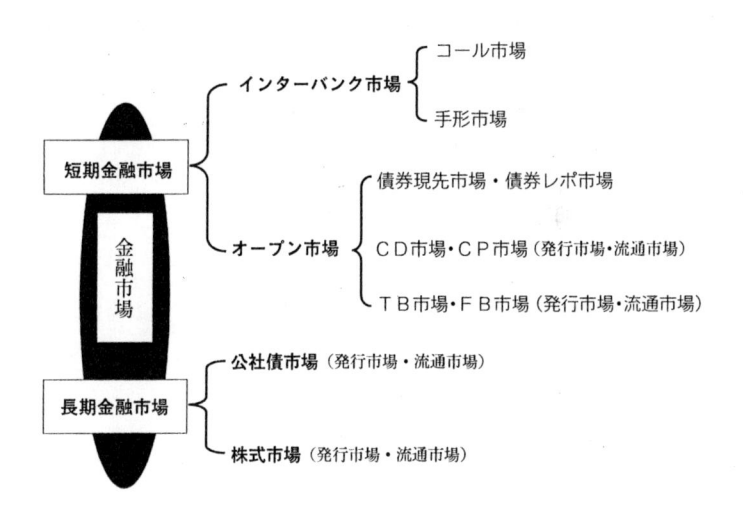

```
                                    ┌─ コール市場
                   ┌─ インターバンク市場 ┤
                   │                 └─ 手形市場
       短期金融市場 ┤
                   │                 ┌─ 債券現先市場・債券レポ市場
                   │                 │
金融市場            └─ オープン市場    ┤─ CD市場・CP市場（発行市場・流通市場）
                   │                 │
                   │                 └─ TB市場・FB市場（発行市場・流通市場）
                   ┌─ 公社債市場（発行市場・流通市場）
       長期金融市場 ┤
                   └─ 株式市場（発行市場・流通市場）
```

るものと既に発行されたものの双方の取引が行われる——市場を長期金融市場という。なお，通常，長期金融市場という場合，株式市場を含めることになっているが，この株式市場は，公社債市場とは性格がまったく異なる。

短期金融市場

貸し借りの期間が1年未満の資金の取引（貸し借り）が行われる市場が短期金融市場である。そのうち，銀行だけが参加できる**市場をインターバンク市場**，銀行だけでなく一般の企業なども参加できる**市場をオープン市場**といっている。インターバンク市場としては，ごく短期のお金の貸し借りを行う**コール市場**や，企業が発行した借用書の一種である手形が取引される手形市場などがある。

一方，オープン市場では，TBやFBなど，政府が短期間，資金を借りるために発行した借用書などが取引されている。短期金融市場をまとめれば次ページの表のようになる。

こうした短期金融市場の多用な手段を利用して，銀行を中心とする金融機関は資金を調達しまた運用するのである。なお，これらの市場における取引きは，ほとんどが電話やコンピュータによって行われている。

実は，日銀が世の中のお金の量を調節しようとする場合は，もっぱらこの短期金融市場において何らかの手を打つことになるのである。各市場の金利の動向を見極めつつ，日銀は，とくにこの間，手形市場や債券現先市場に介入し，資金供給を行ってきたのである。

短期金融市場

種類	内容	2000年3月末の残高
コール市場 (インターバンク市場)	金融機関のごく短期の資金(原則として1ヶ月未満)の貸借を行う市場。「呼べば応える」というところから「コール」という名がついた。このコール取引は担保を必要とする**有担保コール**と担保の必要がない**無担保コール**に分かれる。	26.0兆円 (無担保 12.6兆円)
手形市場 (インターバンク市場)	優良企業の発行する手形を割引の方法で売買する形で資金融通を行う市場。最低取引金額は1000万円。	5.3兆円
債権現先市場 (オープン市場)	現先取引とは、一定期間後に一定価格で買い戻すことを約束して行う債券の購入(売却)取引のこと(=債券を担保に現金を貸し借りすること)。この債券取引の市場をいう。証券会社の重要な資金調達手段として発達した。主に証券会社が参加。	29.1兆円
CD市場 (オープン市場)	都市銀行、地方銀行、信託銀行などが発行する譲渡性預金証書(negotiable certificate of deposit)=CDが売買される市場。	42.6兆円
CP市場 (オープン市場)	コマーシャル・ペーパー=CPは信用力のある優良企業が割引方式で発行する無担保の約束手形。この手形が取引きされる市場。	16.4兆円
TB市場 (オープン市場)	TB (Treasury Bill) は、短期国債、短期割引国債、割引短期国債などであるが、長期国債の償還・借換えを円滑に行うために政府が発行した(3ヶ月物、6ヶ月物、1年物)の債券。この債券が取引きされる市場。	33.6兆円
FB市場 (オープン市場)	政府が国庫の一時的な資金不足を補うために発行する短期の国債である政府短期証券=FB (Financing Bill) が取引きされる市場。	44.2兆円
債券レポ市場 (オープン市場)	債券現先取引が債券を担保に現金を貸し借りするのに対して、債券レポは逆に現金を担保に債券を貸し借りすること。通常1億円以上の取引を行う。貸借期間は1年を超えない。すべての金融機関が自由に参加できる市場。	47.1兆円

※2000年3月の各市場の残高は、日本銀行金融研究所編『新しい日本銀行』のデータに基づく。

貸借期間の長さによって異なる金利

このような金融市場においては、それぞれ異なる金利が成立する。金利の高い市場には資金が流れ込み、低い市場からは資金は流出する。こうして市場間で自ずと金利のバランスがとられていくことになる。

原理的には、1年未満の短期の貸付の金利と1年以上の長期の貸付の金利との間には、次のような関係がある。

すなわち，長期金利は，その長期間における短期金利の平均値に落ち着くというものである。たとえば，期間1年間の金利が，今年（1年目）は0.5％，2年目の予想金利が1％，3年目の予想金利が1.5％だとすれば，1年ごとに資金を借り換えると，3年間の平均の金利は1％になるというふうである。ちなみに，現在の短期金利は異常に低いので，誰もが将来の短期金利は上昇すると予想し，したがって，長期金利は現在の極めて低い短期金利と将来の上昇すると予想される短期金利の平均値であるから，現在の極めて低い短期金利よりはやや高くなっているといえる。

調べてみよう

　現在，長期金利と短期金利はどのように推移しているか，調べてみよう。

日銀の金融政策と金融調節

　日本銀行の役割には，まずは日本銀行券という現金通貨を発行する**発券銀行**としての役割がある。次に，**政府の銀行**としての役割がある。日本政府がお金を預け入れられるのは日銀だけであり，日銀は政府の財産の管理や国債の発行や利払いなどの業務も行っている。そして，**銀行の銀行**としての役割がある。

　われわれは銀行にお金を預け，また，銀行は会社などにお金を貸す。日銀も一般の銀行と同じように預金の受け入れや貸し出しを行っているが，一般の企業や個人との取引は行わず，政府のほかはもっぱら銀行を中心とする金融機関との取引を行っている。そのため，金融機関は日銀に当座預金口座を開設し，無利子でお金を預けている。市中銀行もお金が不足することがあり，他の銀行から融通してもらってもまだ足りない場合は，日銀から借り受けることができる。こうした日銀と市中銀行の関係性を前提として，日銀は，通貨供給を調節して通貨価値の安定と経済の安定を図るべく，さまざま政策を実施する。

日銀当座預金過去最高 34 兆円

　日本銀行は 30 日，金融機関が日銀に預けている当座預金残高が過去最高の 34 兆 5600 億円（速報値）に達した，と発表した。企業の資金需要が急増する中間決算期末に合わせ，金融機関の資金繰りに支障がないように潤沢な資金供給に踏み切った。これまでの最高は今年 3 月期決算末の翌日だった 4 月 1 日の 33 兆 7800 億円。

　当座預金残高は金融機関の手元の資金量を示し，日銀は金融調節の誘導目標を「27 兆～30 兆円程度」としている。30 日は，国から地方自治体に対する地方交付税の支払いが重なり，大量の資金流入があった。

　当座預金残高が目標を上回った場合，日銀は資金を吸収するのが普通だが，30 日は金融機関の決算が確定する節目だったことから，資金吸収は見送られた。

（朝日新聞，2003 年 10 月 1 日，朝刊）

日銀のオペレーションの種類

目的	種類	オペの内容
資金供給	短国買現先オペ	日銀が一定期間後に売り戻すことを条件に短期国債を買入れる。
	短国買入オペ	日銀が売り戻し条件をつけずに短期国債を買入れる。
	国債借入オペ	レポオペともいう。利付国債を一定期間借入れ、相手金融機関に担保金を差し入れて、一定期間後に国債を返し担保金の返済を求める。
	CP買現先オペ	発行者の信用力などに照らして適格と認められ、かつ満期が1年以内に到来するCPの現先オペ。
	手形買入オペ	オペ対象先から手形金額から入札によって決定された割引率による金利相当額を差し引いた金額で手形を買い入れる。
	社債等担保手形買入オペ	手形買入オペ同様な手続きで行われる。ただし、その手形はオペ対象先が振り出した為替手形であり、民間企業が債務者である社債など日銀が適当と認めるものを担保とする手形であること、という条件がつく。
	国債買入オペ	日銀が売り戻し条件をつけずに利付国債を買入れる。
資金吸収	短国売現割オペ	日銀が一定期間後に買い戻すことを条件に、短期国債を売却する。
	短国売却オペ	日銀が買い戻し条件をつけずに短期国債を売却する。
	手形売出オペ	日銀が為替手形を振り出し、これをオペ対象先に対して、手形金額から入札により決定された割引率による金利相当額を差し引いた金額で売り出す。

(出所) 日本銀行金融研究所編『新しい日本銀行』

3 大金融政策とその変容

日銀が行ういわゆる金融政策は、公定歩合操作、公開市場操作、支払準備率操作の3つを指し、そのなかの代表格が公定歩合操作であった。「であった」というのは、現在はその政策的な意味は薄くなり、いわば無機能化しているからである。以下、日銀の金融政策についてみてみよう。

公定歩合操作の無力化

　公定歩合とは日銀が金融機関に貸出を行う場合の基準金利のことである。この公定歩合を引き上げれば，銀行の資金調達コストが上昇するので，銀行は貸出金利を引き上げる。個人や企業にとってみれば借入れコストが上昇することになるので，銀行の貸出が減少して経済活動が抑制されることになる。逆に金利の引き下げは経済活動を促すことになる。

　しかし，この政策が有効に機能したのはかつての資金不足の時代である。とりわけ，60年代から70年代にかけての高度成長期においては日銀の窓口規制と相まって強力に働いた。銀行は日銀から多額の資金を借り受けていたし，企業も銀行から大量に借りていたからである。

　だが，現在は事情が違う。銀行にしろ，企業にしろ資金調達の手段は多様化している。そして，94年に金利の自由化が完了し，銀行の資金調達コストは公定歩合ではなく**無担保翌日物コールレート**に反映されるようになった。このため，95年以降はこの後者の数値が金融政策の操作対象になり，それが定着した。結果，公定歩合操作はいわば日銀の政策スタンスを示す程度のものになったといえる。

金融政策の主役＝公開市場操作

　市中銀行には，上でみたように短期金融市場を利用した多様な資金調達の途が開かれている。日銀は，そのような金融環境をとらえ自ら市場で国債や手形などの有価証券の売買等を通して，市中銀行が貸出す通貨量を調節するのである。日銀の金融政策の手

段としては，いまやこの公開市場操作による**金融調節**策が最も重要になっている。

金融機関は日によってまた時間帯によって必要とする資金量が増減する。金融機関はこれらの資金を金融市場で調達し運用するが，日銀は金融機関の動きに対応して行動する。

金融緩和の場合，日銀は，金融機関が保有する有価証券を購入するなどして資金を供給し，引締めの場合は，日銀保有の有価証券を金融市場を通じて売却するなどして資金を吸収する。

この結果，無担保翌日物コールレート（政策金利）を中心として金利が上下することになる。

120ページにある2003年9月30日の日本経済新聞の記事は，**日銀の期間の長い資金供給オペ**により，潤沢な通貨供給がなされ，短期金融市場は**無風のまま**（混乱なく）9月期を超えると説明しているが，この場合の資金供給オペとは，**短国買現先オペ**のことで，通常の半年先に日銀が市中銀行に売り戻すという条件ではなく，1年先に日銀が売り戻すことを条件に市中銀行から短期国債を買い入れ，市中へ資金を供給したということである。

なお，金融政策としては，このほかに**支払準備率操作**がある。上で，各金融機関は支払準備として預かった預金額の一定割合を留保しておくと述べたが，実はそれは日銀にある金融機関の当座預金に強制的に預け入れさせられるのである。この一定割合のことを支払準備率という。この準備率を引き上げたり，引き下げたりすることで金融市場のお金の量を調整することを支払準備率操作という。たとえば金融市場にお金が余っていると日銀が判断す

れば，準備率を引き上げることになる。そうなると市中の金融機関は，その分だけ自由に貸し出しのできる資金が不足することになり，金融市場は引き締まってくる。逆に支払準備率を引き下げれば，その分だけ金融機関の貸し出しは活発化してくる。

　このように支払準備率操作も金融政策の一つの手段ではある。だがその政策の重要度は低いといえる。

ゼロ金利政策

日銀は,インフレでもデフレでもない,物価の安定した状態を目指し,さらに金融機関が必要とする資金を必要なだけ供給することで金融システムの安定化を図ることを目指してきた。

政策金利としてのコールレート

日銀は,長引く不況や金融システムの不安定性に対応して,**ゼロ金利政策**を実施した。ただし,ゼロとなった金利は,われわれが借りるときの金利ではなく,政策金利である**無担保翌日物コールレート**である。これはコール市場の,超短期つまり期間が翌日までといった貸し借り,これを**オーバーナイト物**と呼んでいるが,この金利を限りなくゼロに近づけるというものである。

このゼロ金利政策は,99年2月から2000年8月まで実施され一旦解除されたものの,2001年3月の景気悪化を受けて復活し,以後その超低金利の基調は続いている。

ゼロ金利政策が意図したもの

日銀は超短期の資金を十分に供給することによって,その金利を実質ほぼゼロに近くなるようにしている。

担保翌日物(オーバーナイト物)コールレート 各月末の中心レート(%)

2001/10	2001/11	2001/12	2002/1	2002/2	2002/3	2002/4	2002/5	2002/6	2002/7	2002/8	2002/9
0.00	0.00	0.00	0.00	0.00	0.01	0.00	0.00	0.00	0.00	0.00	0.07
2002/10	2002/11	2002/12	2003/1	2003/2	2003/3	2003/4	2003/5	2003/6	2003/7	2003/8	2003/9
0.00	0.00	0.00	0.00	0.00	0.02	0.00	0.00	0.00	0.00	0.00	0.01

そうすることによって，超短期の銀行間の貸し借りの市場で，ある銀行が資金を借りられず倒産するというような事態は避けられる。これがゼロ金利政策の当初の目的であった。

　ゼロ金利政策はそれ以外にも経済に影響を与えた。たとえば，超短期金利が実質ゼロになると，短期で資金を貸すより株式投資や長期の貸出しを行った方が有利となる。したがって，不況のなかリスクを負ってまで株式売買や長期貸出しを行わなかった金融機関もそのような運用を行うようになるだろうということである。

　なお，ゼロに近い金利になるのは，銀行間の超短期金利や，定期預金の金利であって，われわれが銀行から借りる住宅ローンは３％台とそれほど下がっていない。ということは，銀行間のゼロに近い金利で銀行は資金を調達するか，ゼロに近い預金で資金を調達し，３％でわれわれに貸せば儲かることになる。このように，瀕死の状態の金融機関に対する救済効果もあるということである。

　また，銀行が倒産寸前の企業を支援するケースがあるが，銀行の資金調達の際の金利が実質ゼロであれば，ほとんど負担なく支援できる。ただ，逆にこのゼロ金利により破綻すべき企業が再生の見込みもないままに生き延びて，不良債権の本格処理を遅らせるという危険もはらんでいることは否めないところである。

量的緩和策の展開

 では,このようなゼロ金利政策は成功だったのだろうか。

 限りなくゼロに近い超低金利状態が続いたにもかかわらず,景気回復の兆しはみえなかった。低い金利を利用して資金を借りて設備投資をしても,そもそも商品が売れる見込みがなければ,企業は設備投資を行おうとはしない。すなわち,新規投資が増えなければ景気回復にはつながらないのである。

 こうした状況において,日銀の政策の基本スタンスは変わらなかったが,その展開に変化が現れた。超低金利状態の現状においては,これ以上,金利を下げることはできない。そこで登場したのが**量的緩和**という考え方であった。要するに世の中に出回るお金の量を増やすことを第一義に考えたのである。そして,2001年3月から,日銀は,操作目標を従来の無担保翌日物コールレートから**日銀当座預金残高**へと変更した。上の2003年10月1日の朝日新聞の記事は,この操作目標である日銀当座預金残高の現状を報じているのである。

 日銀は,市中銀行が持っている国債や社債,手形などの有価証券を大量に買い上げるなどして,その分だけ通貨を日銀にある金融機関の当座預金口座に振り込むことになっている。市中銀行とすれば,この日銀の口座に資金を置いていても,金利はつかない。金利のつかない資金が大量にたまると,銀行はこの資金を有効に運用しようと考えて,企業に積極的に資金を貸し出すようになる。そうなると,世の中に大量の資金が出回るようになり経済活動は

活発になるはずである。日銀は，このようなシナリオを描いた。

では，シナリオ通りに事は運んだか。2003年度上半期段階まででは少なくとも成功したとはいいがたかった。日銀が通貨供給を増やしても，世の中のお金の流れはなかなかよくならなかったのである。つまり，日銀がどんなに資金を各銀行の当座預金に流し込んでも，そこから先になかなか流れていかない。

その理由の一つには，大半の市中銀行が，大量の不良債権を抱えており，あえてリスクを冒してまで企業へ新たな貸し出しをしようとはしなかった。その代わりに低率ではあれ一定の金利が確実に確保できる国債を買う方を選んだ。

さらに，日銀の量的緩和策によって，各銀行は大量の資金を確保することができたために，コール市場での資金需要は大幅に減った。それゆえ，コール市場の金利は0.001%にまで下がった。そうなると，文字通りオーバーナイトで一晩だけ運用したとすれば，運用して得られる金利より運用のためのコスト（手数料）が割高になるという奇妙な状態が発生した。これでは銀行は資金を積極的に運用しようとは思わなくなるだろう。こうした状況であれば，お金が世の中に出回らないのは当然であった。

Columu　どのような銀行なら預けて安心か？
－銀行経営の安全度＝自己資本比率－

　日銀がどんなに金融緩和策を展開しても，その効果が思うほど出なかった背景には，銀行の経営体質の悪化があった。いわゆる銀行の「自己資本比率」の問題である。

　事業を行うためには，銀行に限らず資金が必要である。この資金は，誰から調達するかによって「自己資本」と「他人資本」に分かれる。「自己資本」とは，文字通り自前の資金で返済する必要はない。具体的には，株式発行時に株主から得たお金や過去の利益の蓄えなどである。これに対して「他人資本」は第三者から借りた資金で返済する義務を負うものである。銀行でいうと，預金者からの預金がそうである。預金は預金者が引き出そうと思うときには，返済しなくてはならない。

　このように，調達した資金には，返済義務のない自己資本と他人に返済義務のある他人資本がある。無論，銀行はお金を貸して金利を得ることにより利益を得ているので，調達したお金（＝自己資本＋他人資本）を貸し出すことになる。そして，この貸し出したお金のことを貸付金というが，この貸付金があれば毎年利子が入り，期限がくれば現金を返してもらえるので銀行の資産である。いうならば銀行は調達したお金（＝自己資本＋他人資本）を貸付金という資産で運用していると考えることができる。

　「自己資本比率」とは自己資本を総資産で割って100を乗じたものをいう。

　　　自己資本比率＝自己資本÷総資産×100

なお，総資産は銀行の保有する全資産であるが，その大半は調達した資金（＝自己資本と他人資本）を貸し出したお金＝貸付金である。

次の例を考えてみよう。

甲銀行は，自己資本5兆円，他人資本50兆円，貸付金（総資産）55兆円，自己資本比率＝5兆円÷55兆円×100≒9.1％である。乙銀行は，自己資本3兆円，他人資本52兆円，貸付金（総資産）55兆円，自己資本比率＝3兆円÷55兆円×100≒5.5％である。もしここで，両銀行ともに貸付金の一部が不良債権化し（取立て不能になり）4兆円の損失を被ったらどうなるか。

甲銀行は自己資本が5兆円あるから，4兆円の損失が生じても，自己資本は1兆円に減るものの，他人から借りた他人資本50兆円は無事確保されている。しかし，乙銀行は自己資本が3兆円しかないから，4兆円の損失が生じると，自己資本3兆円はなくなるだけではなく，他人から借りた他人資本も1兆円分なくなることになる。他人資本が減るということは，約束通りに返済できないということになるのである。

このように，自己資本が少ないと，損失を被ったときに他人から借りたお金を返せなくなる場合が生じる。そして，同じ55兆円という総資産でも自己資本が多い（自己資本比率が高い）甲銀行の方が乙銀行よりも安全だということができる。

つまり，自己資本比率は，**貸付金に対して，損失に耐える自前の資金をどれほど保有しているか**の割合ということになり，これが銀行の安全性を示す指標になる。

国際決済銀行は，この自己資本比率が8％以上の銀行しか国際業務ができないという規制（「BIS規制」）を作った。日本の銀行もこれに従い，国際業務を行う銀行は自己資本比率8％以上を厳守するようになった。なお，国際業務を行わない銀行は自己資本比率4％以上という国内ルールが作られている。

しかし，どの銀行も，不良債権問題が深刻化し，その処理に追われた。その結果，自己資本比率は低下の一途を辿った。そして，銀行は自己資本比率を高めるために貸出しの圧縮を行いはじめた。これが「貸し渋り」であった。

調べてみよう

ここ数ヶ月の日銀の金融市場への介入について，新聞記事等を通じて調べてみよう。

参考 ・株式市場

　株式市場の状況は，テレビのニュースでも外国為替と並んで毎日報じられ，新聞の株式欄では詳細に取り上げられる。

　ここで，参考までにこの株式市場について考察しておこう。

銘柄	始値	高値	安値	終値	前比	出来高
水産・鉱業						
・極洋	186	189	184	185	▼3	676
・ニチロ	145	145	143	143	▼2	353
・日水	256	256	251	253	▼3	1358
・マルハ	154	155	153	154	▼3	792
㈲カカ加タ	1200	1216	1195	1204	0	52
cホクト	1639	1713	1630	1696	△79	263
・三井山	62	77	52	74	▼16	44543
㈲住友炭	79	81	78	79	▼2	612
・日鉄鉱	306	309	302	304	▼5	265
・三井松	178	179	175	177	▼2	286
・帝石	490	498	490	498	△8	719
・ガス開	520	524	515	519	▼1	57
建設						
cハザマ	395	475	395	449	—	1998
c東急建設	452	490	415	487	—	4805
・コムシスHD	666	681	665	679	▼2	854
・MISAWA	156	156	150	150	▼6	908
c熊谷コポ	3640	3680	3620	3620	▼30	3
㈲ヤマウラ	346	346	345	345	0	2
㈲オリ建	523	523	515	519	△6	15
・みらい建	258	258	240	252	▼6	62
・大成建	300	302	297	299	▼6	4168
・大林組	465	480	457	477	△22	4205
・清水建	413	421	408	416	▼2	1852
㈲鹿島建	152	153	146	146	▼11	820
㈲長谷工	220	228	214	228	△2	9527
・松井建	320	320	317	320	▼3	28
・飛島	387	388	382	385	△7	3391
・不動建	140	149	136	149	△6	3355
・大末建	114	118	111	112	▼7	302
・鉄建	186	190	184	186	▼5	602

東証株式指標

1日・野・円・%・億円・百株

第1部

TOPIX	1,029.94	△11.14
騰落率		△1.09
同コア30	694.76	△8.15
加重平均	348.12	△3.00
単純平均	398.41	△0.01
値上がり銘柄数	727	
値下がり銘柄数	689	
利回り（前期）	1.15	▼0.01
時価総額	3,010,179	△32,577
売買代金	13,977	
出来高	12,594,354	
日経平均株価	10,361.24	△142.19

第2部

株価指数	2,108.39	▼4.02
騰落率		▼0.19
加重平均	150.60	▼1.28
単純平均	289.29	▼3.08
値上がり銘柄数	157	
値下がり銘柄数	216	
利回り（前期）	1.69	0
時価総額	53,950	▼102
売買代金	123	
出来高	286,151	

（朝日新聞，2003年10月2日，朝刊）

そもそも株とは

　株または**株式**は，ある事業に対して**出資した（貸したのではなくお金を出してその所有者になった）**という証拠である。たとえば，ある人が新しいビジネスを立ち上げたとしよう。その人は，資金を用意しなければならないが，資金調達の手段として株というしくみを利用したとする。いろいろな人から資金を募り，その際，その証拠として渡すのが株（株券）ということになる。こうして，スタートしたビジネスが軌道に乗り，利益が出れば，その「分け前」が出した金額の多寡に応じてお金の出し主＝出資者に払われる。これが**配当**であり，お金のレンタル料金である金利とは異なる。

　この株を発行して集めた資金で始める会社が株式会社であり，その資金提供者が**株主**である。

　株主は，株を持っている会社の経営が好調であると，配当が支払われる（もし経営難で利益が出なければ支払われない）ことになる。そうなると，株を所有していれば配当を手に入れることができるから，その株を欲しがる者が出てくる。利益の出ている優良会社の株についてはとりわけ注目が集まる。こうして，株の売買が始まることになる。株を売買する場所が株式市場である。

　儲かっている会社は配当が多く出るから，その会社の株を欲しいという者が多くなり，売り買いされる株の値段も上がる。通常，株（株券）は50円株，500円株，5万円株に分かれるが，その額面とは関係なく，株の値段が上下するようになる。

したがって，株を買ったときより高い値段で売れば儲けることができるから，株を持っていて配当を受け取ることを考える株主以外に，当然，株を安く買って高く売ることだけを考える者も出てくる。こうした株の売買での利益を目的とする多数の投資家たちによって株式市場は成り立っているといってよい。

　ところで，株価は景気のバロメーターといわれる。株価上昇は景気回復の兆しとされ，株価下落は景気悪化の予兆とされる。つまり，株価が上がれば株を保有する者は儲かる。儲けたお金で消費を増やすことができる（これを**資産効果**という）。また，企業にとってみると，それが保有する（他社の）株が値上がりすれば，資産（財産）の含み益が増加し，その資産の担保としての価値が増大するので，銀行からの資金の借入れが容易になり，新しい投資が促進される。こうして，景気は上向くことになる。株価が下がればこの逆の状態になる。

　投資家たちの眼は，常にその株が値上がりしそうな好業績の会社に注がれている。これから株価が上がりそうな業績の良い会社の情報をつかめば，かれらはその会社の株を買いに走る。買う投資家が多ければ，その会社の株の値段は上がる。景気がよいときにはこうした会社が多くなる。その数が多くなればなるほど株式市場全体の平均株価は上昇するということになる。

　このように，株価上昇により景気が良くなると同時に，景気が良くなるから株価が上がるというしくみにもなっているのである。

株式市場

　株は，株式市場すなわち**証券取引所**で売買されるが，すべての株式会社の株が証券取引所で売買されるわけではない。現在，日本には110万社以上の株式会社があるが，そのうち証券取引所を通してその株が売買されるのは3000社に満たない。つまり，証券取引所でその株が売買できるようになるためには資格が必要なのである。資格を満たし，そこで売買が認められることを**上場**という。上場ができて株が売れると，株式会社には多額の資金が入ってくる。この資金を使って，新しいビジネスを始められるようになる。また，株式会社を立ち上げた事業家は，その会社の株を多く保有しているから，これを株式市場で売れば大きな利益も期待できる（これを**創業者利益**という）。

　証券取引所は，東京のほかに大阪，名古屋，札幌，福岡にある。なかでもっぱらニュースで報じられるのは東京証券取引所である。

　東京証券取引所には，第1部と第2部，マザーズ，それに外国部がある。第1部と第2部の違いは，会社の規模や株式の売買量などである。ひとまず第2部に上場し，会社が成長して規模が大きくなって第1部に昇格するのが一般的である。

　東京証券取引所第1部上場企業は，まずは大企業とみてよい。**マザーズ**は**ベンチャー企業**向けの新しい市場で，1999年11月に誕生した。これから伸びようとする企業のには，世の中に知られていないがために資金集めが難しい企業が多い。そうしたベンチャー企業を応援すべく，第1部に比べて緩やかな条件にして，そ

株式市場のしくみ

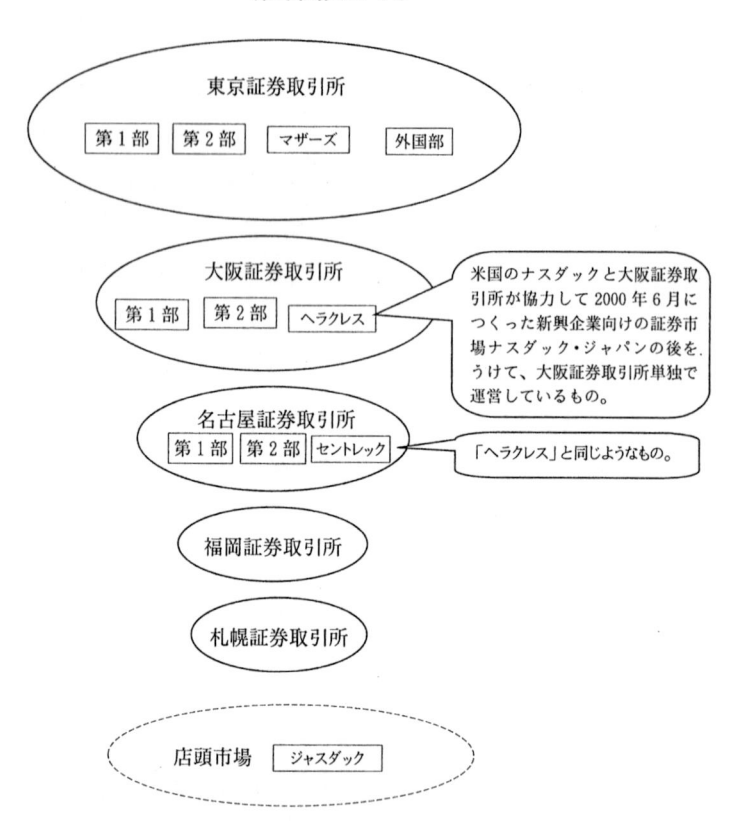

- 東京証券取引所
  - 第1部
  - 第2部
  - マザーズ
  - 外国部

- 大阪証券取引所
  - 第1部
  - 第2部
  - ヘラクレス … 米国のナスダックと大阪証券取引所が協力して2000年6月につくった新興企業向けの証券市場ナスダック・ジャパンの後をうけて、大阪証券取引所単独で運営しているもの。

- 名古屋証券取引所
  - 第1部
  - 第2部
  - セントレックス … 「ヘラクレス」と同じようなもの。

- 福岡証券取引所

- 札幌証券取引所

- 店頭市場　ジャスダック

れらがより容易に株を発行して貸金を集めることができるようにしたわけである。マザーズの語源は、英語の新興企業市場＝Market Of The High-growth and EmeRging Stocksである。この英語のなかのいくつかの文字を集めて**Mothers**と読ませたことに由来する。まさに伸び盛りのベンチャー企業を育てる

「母親」になれという願いが込められている。

なお,こうした証券取引所という場において成立している株式市場のほかに,**ジャスダック(店頭市場)**がある。証券会社の「店頭」でお客が株の売り買いの希望を出すと,証券会社がその情報を他社に流して売り買いを成立させるというものである。これは証券取引所ではなく日本証券業協会が売買の仲介をしている。

平均株価

日経平均株価

日経平均株価は,東京証券取引所第1部上場企業のうち,代表的な企業225社を日本経済新聞社が選び,株価の平均を毎日計算して発表しているものである。これは次のようにして計算される。

平均株価の計算が始まった1949年頃の株は50円株であったことから,計算方法に一貫性をもたせるため,まず計算対象の企業の株を額面50円に換算する。したがって,額面5万円で発行されて現在の値段が40万円の株があったとすれば,それを1000で割って400円にする。次に225社のその数値を合計して除数で割って平均を出す。では,この**除数**とは何か。これが問題である。

日経平均の計算が始まった1949年5月には計算対象の会社が227社であった。よって,合計額を227で割っていた。翌年から対象企業数が225社になり,除数も225になった。しかし,時間が経つにつれて株価がどんどん上昇した。株価が上がった会社のなかには,株価高騰で一般投資家が購入できにくくなることで,自社の株を分割し始めるところが出てきた。いわゆる株式の分割

である。これまでの1株を2株にするのである。この場合，1株当たりの値段は半額になるので，一般投資家に買いやすくなる。

しかしながら，平均株価の対象になっている会社の株が分割され，その会社の株価が，これまでの半額になるとしたら問題である。これをそのまま合計して225で割れば，平均株価は下がることになる。1企業の都合で全体の平均が変わるということになる。そこで，これまで通りの平均株価になるように，合計金額を割る数字を操作した。つまり除数を225より小さくした。

たとえば，従来の合計金額が45万円で，これを225の除数で割った平均株価が2000円だったとする。計算対象になっていた企業のうち1社が株式を分割し，これまで6000円だった株価が3000円になったとする。そうすると，225社の合計金額は3000円下がって44万7000円になることになる。これを225で割れば，平均は1987円になる。したがって，このような場合，合計金額が3000円下がっても，平均が2000円になるように，割る数字を変更する。この場合223.5になる（44万7000円÷2000円）。こうすれば，1社が株を分割しても平均株価は変化しない。これを繰り返して，除数は225よりどんどん小さくなっていった。

また，平均株価は，日本経済のバロメーターでもあるわけだから，日本を代表する企業を対象にするべきだということで計算対象の会社の見直しが図られている。そして，そのつど，対象企業を入れ替えたために平均株価が変わることがないように，この際も平均株価の数字が変化しないように除数を変えている。

現在の除数は2000年4月に変更されたもので，20.341である。

$$日本平均株価 = \frac{225 \text{社の株価の合計}}{20.341 (除数)}$$

ちなみに，上の記事にあるように，2003年10月1日の日経平均株価は1万0361.24円であった。

TOPIX

また，株式市場の動きを示すものとして，TOPIXも使われる。TOPIXとは，Tokyo Stock Price Index の頭文字をとったもので，**東証株価指数**ともいう。東京証券取引所第1部上場企業全社の株価の時価総額（各企業の株価に発行株式数を乗じたもの）を，指数で表したものである。この計算は1968年1月から開始され，この年の最初の取引が開始された1月4日を100として計算している。この指数が1000あれば，1968年1月4日段階の株価の総合計の10倍の金額になっているわけである。ちなみに，2003年10月1日のTOPIXは1,029.94であった。

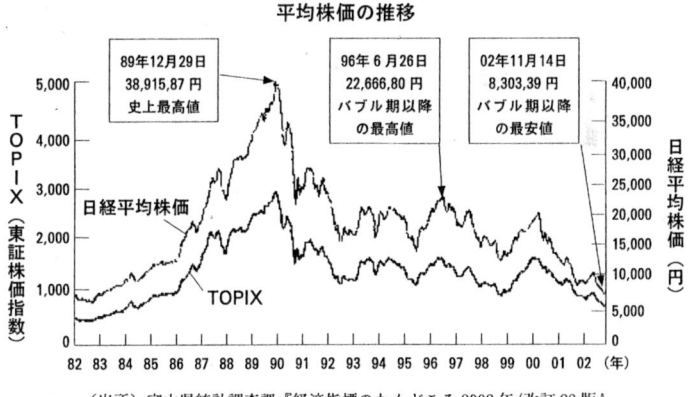

平均株価の推移

89年12月29日
38,915.87円
史上最高値

96年6月26日
22,666.80円
バブル期以降の最高値

02年11月14日
8,303.39円
バブル期以降の最安値

（出所）富山県統計調査課『経済指標のかんどころ 2002年/改訂22版』

第5章　企業と経営

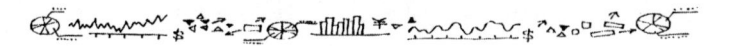

企業の経営成績

　企業は「社会的に必要とされるモノ・サービスを生産し提供する経済事業体」と定義することができる。この「社会的に必要とされる」とは，市場経済社会では極論すれば「よく売れる」ということである。よく売れるものを作り儲かっている企業は，それだけ社会に貢献しているともいえる。こう考えると，企業の社会への貢献をいう場合，いわゆるフィランソロピーや企業ボランティアを云々する前に，まずはいくら売上をあげたか，いくら利益をあげたかを注目すべきだとという主張は正しいといえる。

北米市場の販売とコスト、両立重く　トヨタ減益　【名古屋】

　トヨタ自動車が5日発表した03年度第1四半期（4〜6月）の連結決算（米国基準）は円高による為替差損に加え，好調を持続する北米市場で販売経費がかさむ「変調」が起きていることを裏付けた。会見した荒木隆司副社長は「減益は一時的だ」と強調したが，北米市場は全体に弱含んでおり，販売促進とコスト抑制の両立が一段と重い課題

となってきた。

　トヨタは北米で02年まで，ホンダなど他の日本メーカーと並んで快進撃を続けてきた。燃費や品質の良さ，販売力の増強をテコに，米ビッグスリーが多額の販売奨励金やローン金利の補助などの負担に苦しむのをよそにシェアを伸ばした。

　しかし，03年に入りイラク戦争を控えて北米市場が急激に冷え込み，トヨタも販売経費が急増した。02年度第4四半期〈03年1〜3月〉を連結（日本基準）でみると，前の02年10〜12月期に比べ売上高が13％減り，経常利益は32％も落ち込んだ。このため，当初は達成確実とみられていた03年3月期の連結経常利益1兆5000億円に届かなくなった。

　輸出を含めるとトヨタの営業利益の「7〜8割を稼ぐ」〈幹部〉という北米部門で，この変調が続くのかどうかが，今回の四半期決算の焦点だった。結果は，米基準で営業減益幅518億円なのに対し，北米関係の減益要因だけで経費増が400億円，為替差損が300億円にのぼった。日本などでの経費増を加えると計1118億円になり，「お家芸」の原価低減で生みだした600億円の増益効果を吹き飛ばした。

　4〜6月の販売台数は同6.2％増の49万4千台。米ビッグスリーの激しい攻勢にあいながらもシェアは過去最高の11.1％を達成した。

　しかし，背後では販売会社に支払う1台当たりの奨励金が前年同期のほぼ2倍の976ドル（約11万7000円）に跳ね上がった。

（朝日新聞，2003年8月6日，朝刊）

このように,企業の業績が定期的に報じられる。ここでは,企業の損益を説明する会計上の用語の概念,およびそれらの関係についてみておこう。

利益にもいろいろある

ある一定期間の企業の経営成績を明らかにするものが**損益計算書(P/L)**である。それには期間中のすべての収入とそれに対応する費用と損失が記載されている。具体的には次のようになっている。

まず,その項目が毎期経常的に発生するかどうかで,経常損益

損益計算書の例 (単位:100万円)

科 目	金 額
○経常損益の部	
営業損益の部	
売 上 高	112,000
売 上 原 価	86,200
販売費及び一般管理費	22,000
営 業 利 益	3,800
営業外損益の部	
営業外収益	1,000
受取利息及び配当金	900
営業外費用	1,300
支払利息	900
経 常 利 益	3,500
○特別損益の部	
特別利益	150
特別損失	250
税引前当期利益	3,400
法人税等充当額	1,350
当 期 利 益	2,050
前期繰越利益	200
当期未処分利益	2,250

の部と特別損益の部に大別される。経常損益の部は，企業本来の営業活動に関する営業損益の部と資金調達等の付随的な活動に関する営業外損益の部に区分される。

　企業の利益は，いくつかの段階ごとに把握される。

　まず，**営業損益の部**。企業本来の活動から生み出される利益を把握する段階である。

▶**売上総利益**……売上高から売上を上げるために仕入れ・製造にかかったコスト要素で構成される売上原価を差し引いて売上総利益が算出される。上の例では258億円（1120－862）。これは商品・製品の収益率を端的に示す指標である。「粗利益（あら利）」とも呼ばれる。

▶**営業利益**……この売上総利益から販売費および一般管理費，すなわちセールスマンの人件費，広告宣伝費などの販売促進費，本社費などの経費を差し引いたものが営業利益である。それは，企業本来の活動から生まれた利益というべきものである。企業の仕入れ，生産，販売の総合力の成果を示す利益指標であり，力のある企業は，地下から水がどんどん湧き出るように，この段階の利益が自然に増大する。競争力が低下してくるとすぐにこの利益が下降し，危険信号が点滅し始めることになる。

　次に，営業外損益の部。ここでは，企業の営業活動に資金調達などその経常的な活動に付随した活動の成果を加えて利益を計算する。

▶**経常利益**……営業利益に受取配当金・株などの有価証券売却益

などの営業外収益を加算し，支払利息割引料・有価証券売却損・有価証券評価損などの営業外費用を差し引いて計算する。

　無借金経営の企業であれば，営業利益に預金利息に受取配当金などが上積みされて，利益はその本業の実力以上に増える。この場合は，過去の競争力成果の余韻を享受しているということができる。しかし，多くの企業はそのような余裕がない。もしあったとしてもさらに競争力強化を図るため，過去の利益は将来の商品開発や設備更新投資，市場開拓投資に振り向けられるだろう。しかもその場合，その投資は自己資金のみではまかないきれず，銀行借入に頼ることになる。したがって，借入利息を銀行等に支払わなければならない。このため経常利益は，営業利益より借入利息が減額されることになるケースが多い。一般には，将来の競争力強化の経費を差し引いた残りが，経常利益ということができる。

そして，最後に**特別損益の部**。ここで，経常的活動の成果（経常利益）に特別利益を加えたり，特別損失を差し引いたりして，最後に正真正銘，利益として企業に残る部分が計算される。ここでいう特別損益とは，火災などでの損失や投資有価証券売却益，土地売却益など臨時的または突発的に発生した損益である。

　経常利益に特別利益を加算し，特別損失を差し引いて税引前当期利益が計算される。そして，この税引前当期利益から法人税等を控除したものが**当期（純）利益**である。

トヨタ自動車のケース

　上の記事は 2003 年 4 月〜6 月の決算の結果を報じたものである。ちなみに、トヨタ自動車のプロフィールをみておこう（2003 年 3 月現在、ホームページ http://www.toyota.co.jp の情報による）。

　資本金は 3970 億円。従業員数は 6 万 5551 人（ただし連結会社合計では 26 万 4096 人）。連結子会社数は、国内外あわせて 581 社、また、持分法適用会社数は 51 社である。

　ここでいう連結子会社とは、トヨタがその株式の過半数を所有している会社で、トヨタ本体のみならず、それらを含めたグループ全体で決算する（連結決算の）際に、その対象となる会社であ

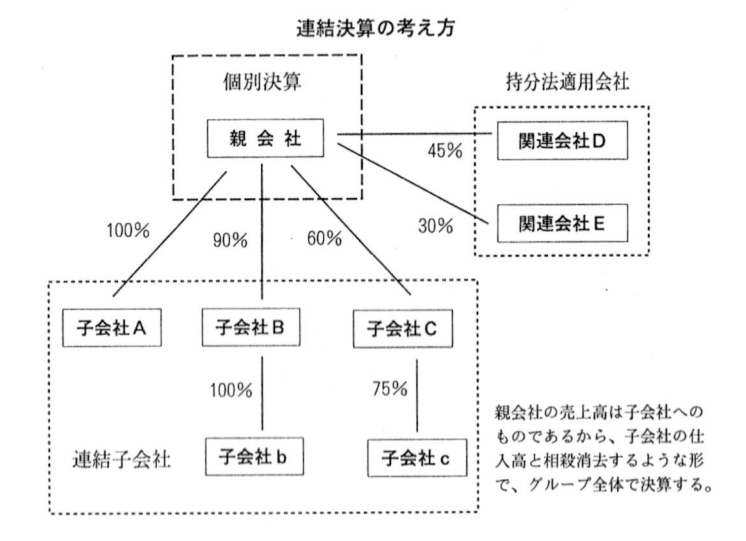

連結決算の考え方

```
        ┌──個別決算──┐         持分法適用会社
        │   親会社   │────45%───┤ 関連会社D │
        └────────┘              │ 関連会社E │
     100%  90%  60%       30%────┘
      │    │    │
   ┌子会社A┐┌子会社B┐┌子会社C┐
              │100%      │75%
           ┌子会社b┐ ┌子会社c┐
   連結子会社
```

親会社の売上高は子会社へのものであるから、子会社の仕入高と相殺消去するような形で、グループ全体で決算する。

る。

　持分法適用会社とは、トヨタがその株式の 20〜50% が所有している関連会社で、連結決算時、その利益がトヨタの持分割合に応じて操作の対象となるような会社である。

　では、なぜ連結決算が必要か。すなわち、一つの会社の経営状況を判断する場合、その会社の活動に不可欠な子会社が存在すれば、それらを含めたグループ全体としての決算もみなければ、その判断を誤る恐れがあるからである。

　そして、2003 年 3 月期（2002 年 4 月〜2003 年 3 月）のトヨタの自動車の生産・販売実績は次のようになる。

	国　内	海　外	合　計
生　産	416万2291台	182万675台	598万2966台
販　売	221万7739台	402万8417台	624万6156台

　これは、GMの約 830 万台に次ぎ世界第 2 位の規模である。この数値からもわかるように、現在のトヨタは海外販売が国内販売を上回っている。しかも、現地生産が行われ、国内で生産された自動車のうち約半分が海外へ輸出されている。

　したがって、記事にあるように為替変動の影響を受けやすい。たとえば、2002 年の円安時には 1 円の円安で営業利益が 100 億円以上増えるといわれた。今度は逆である。**円高による為替差損**が収益に響いてくる状況にある。そして、輸出を含めると**トヨタの営業利益の「7〜8割を稼ぐ」**という北米で、円高のみならず、北米市場の景気の冷え込みと競争の激化に対応すべく現地の販売

損益計算書 2003年3月期 （単位：100万円）

	単　独	連　結
売　上　高	8,739,310	16,054,290
売　上　原　価	6,932,356	12,156,140
販売費管理費	945,630	2,534,469
営　業　利　益	861,323	1,363,679
営　業　外　収　益	167,814	296,100
営　業　外　費　用	136,460	245,775
経　常　利　益	892,676	1,414,003
特　別　利　益	162,457	235,314
特　別　損　失		
法　人　税　等[※]	421,075	704,647
当　期　利　益	634,059	944,671

※　法人税等調整額を含む。なお，連結は少数株主利益も含む。

会社への販売奨励金を倍増させたために販売経費が高騰し，北米部門における営業利益の減少，そして経常利益の減少となり，それが原価努力にもかかわらず，連結会計ではトヨタ全体の減益をもたらしたということである。

　2003年3月期（2002年4月〜2003年3月）のトヨタの損益計算書の要旨を示せば上のとおりである。

　なお，上場企業のこのようなこの損益計算書の要旨，およびその企業が各事業年度において資金をどのように調達し，どのように運用しているかを表す**貸借対照表**（バランスシート：B／S）の要旨は，定時株主総会終了後，日本経済新聞や官報などの公告掲載紙に掲載されている。

グローバル化する企業行動

　80年代以降，多くの日本企業は，急激な円高や，対米貿易摩擦の深刻化により，積極的に海外進出を行った。

　円高は，外貨表示で見た場合，日本の生産コスト(賃金)を引き上げるため，コストの点で海外生産の方が有利になる。また，日米間で貿易摩擦が外交問題にまで発展し，自動車など輸出超過の原因となった製品の多くが，現地生産へと転換されるようになった。こうした生産拠点の海外移転や，外国企業に投資しその経営権を取得することなどを**海外直接投資**という。

　貿易摩擦の回避のほかにも，いろいろな理由で企業は海外進出を行う。海外に大きな消費市場が形成されていることが，進出の直接の動機になる場合もある。さらに，90年代初頭までは，日本の失業率は2％台前半と極めて低く，人材確保が困難であった。このことがアジアなどへの製造業の海外進出を促す要因ともなった。

　企業活動のグローバル化は，一般に次の段階を経て進行する。第1段階が輸出，第2段階が海外販売網の整備，第3段階が天然資源や安い労働力，海外マーケットを目的とする生産の海外移転，第4段階が事業推進のための経営諸資源の移転，第5段階が世界的規模での経営戦略の展開である。現在，先進諸国のグローバル化は，この第5段階に入っているとみられている。

試してみよう

次のデータから，営業利益，経常利益および当期利益を計算してみよう。（単位：100万円）

売上高　256,000	売上原価　197,000
販売費及び一般管理費　45,000	営業外費用　1,400
受取利息　900	支払利息　1,900
特別損失　2,500	法人税等　3,600

変わる日本の株式会社

現在、日本には250万社ほど会社と名のつくものはある。そのなかで株式会社は約4割の100万社強である。株式会社の最高意思決定機関は株主総会である。その株主たちの意を受けて取締役たちが経営に携わる。このような株式会社のしくみに変化が現れ始めている。次の記事はその一つの具体例である。

ソニーなど新統治型へ　米国型で透明性狙う　月内に40社も

米国型の企業統治（コーポレートガバナンス）導入を目指す企業が相次ぐなか、電機大手の先陣を切るソニーなど3社が20日の株主総会で、「委員会等設置会社」への移行を正式に決めた。6月末までに上場企業約40社が新制度に移行する見込み。株主の意向を経営に反映させ、透明性を高める狙いだ。総会シーズン以外でも個人株主との「対話」を増やそうとする企業も目立つ。

過去最高の6257人が出席したソニーの株主総会は、株主11人からの質疑応答に約1時間20分かけた。出井伸之会長は、新制度について「取締役は株主に近い立場から業務執行を監督する。社外取締役による監督などで経営の透明性を高めたい」と説明した。

委員会等設置会社は4月の商法改正に基づき、「経営監視」する取締役と「業務執行」に専念する執行役を明確に分け、社外取締役を活用する。取締役会には、役員を選任する「指名」、報酬を決める「報酬」、経営を監視する「監査」の3委員会を設け、過半数は社外取締役にする。

ソニーは、取締役会と3委員会のトップ4人すべてが社外取締役だ。

小林陽太郎・前経済同友会代表幹事や，株主総会で株主から「実行力と決断力」を評価する声が出たカルロス・ゴーン日産自動車社長らが社外取締役に就く。光学レンズ大手のＨＯＹＡは同日，取締役8人のうち5人を社外取締役にすると決めた。

　一方，制度を変えない企業などでも，株主の意向を積極的に吸い上げようとする例が目立つ。

　コーヒー大手キーコーヒーは，株主との交流を強めるため，株主総会の土日開催や，総会シーズン以外でも経営陣との懇談会を検討中だ。個人株主が全体の3分の2を占める同社は，個人株主を3万人にまで増やす目標だ。………

　電機最大手の日立製作所も今年から，「株主との対話をもっと考えるべきだ」（役員）と，株主総会のほかにも個人株主との意見交換の場の設置などを検討する考えだ。………

　▶委員会等設置会社になる主な上場企業　（6月末まで）
　【電機】日立製作所と同グループ18社，ソニー，東芝，三菱電機
　【機械】コニカ，ＨＯＹＡ
　【流通】イオン，パルコ，西友
　【金融・証券】りそなホールディングス，野村ホールディングス，
　　　　　　　　オリックス
　【通信】日本テレコムホールディングス
　【医薬】富山化学工業

(朝日新聞，2003年6月21日，朝刊)

これまでの日本の株式会社

　株式会社の持主は株主である。その持主の会議である株主総会が会社の最高の意思決定機関である。その株主に会社経営を任され、業務執行上の決定を行い経営を見守るのが取締役であり、その取締役たちが取締役会で決定したことを忠実に執行する責任者が代表取締役である。そして、それらの取締役たちの業務をチェックする係として監査役がいる。

　ひとまず、従来の法律に従った株式会社の機関についてはこのように説明できよう。これらの関係を示せば次ページのようになる。

　しかし、現実はこのとおりには運営されているわけではなかった。日本の株式会社は、1950年の商法改正以来このような法律（建前）には従いつつも、実態としては経営者（社長）支配の構造になっていたといえる。

　つまり、意思決定の流れが、株主→取締役→代表取締役→従業員ではなく、社長（代表取締役）→取締役→従業員となっており、株主総会は事実上、宙に浮いた形で無機能化していたといえる。しかも、取締役は現場の業務も担当する使用人兼取締役であり、社外からの取締役の導入は希であった。また、たとえ社外の者が取締役として加わっているとしても、それは取引企業や親会社からの者であり事実上「身内」の人間である。こうして、いわば社長および主要な役員を中心に据えた「従業員重視型」の集団主義的経営が行われてきたともいえるだろう。

株式会社の機関

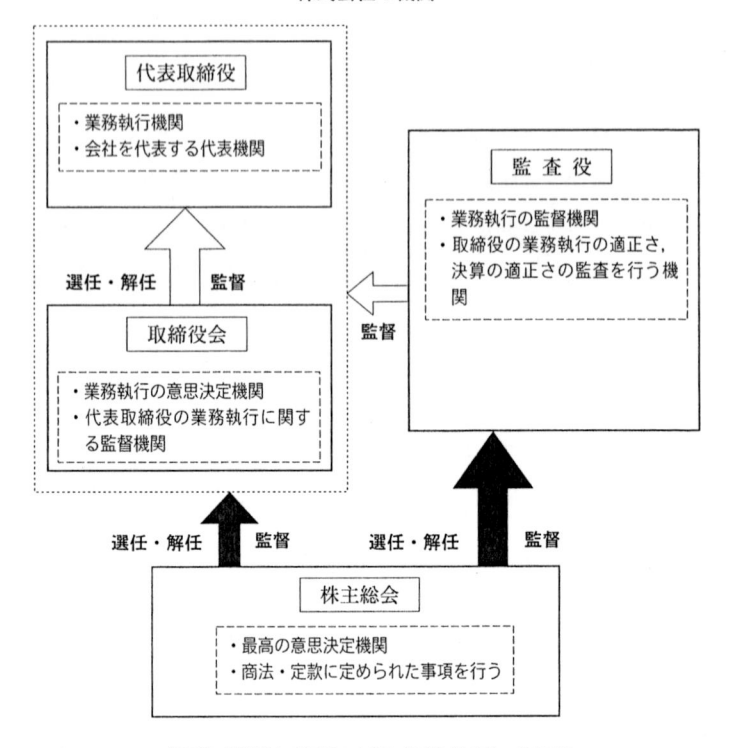

```
┌─────────────────────────────────┐
│  ┌──────────────────┐           │                ┌──────────────────────┐
│  │    代表取締役     │           │                │      監査役          │
│  │・業務執行機関     │           │                │・業務執行の監督機関   │
│  │・会社を代表する代表機関│       │                │・取締役の業務執行の適正さ，│
│  └──────────────────┘           │  ⇐ 監督         │  決算の適正さの監査を行う機│
│       ⇑ 選任・解任  監督          │                │  関                  │
│  ┌──────────────────┐           │                └──────────────────────┘
│  │     取締役会      │           │
│  │・業務執行の意思決定機関│        │
│  │・代表取締役の業務執行に関│      │
│  │する監督機関        │           │
│  └──────────────────┘           │
└─────────────────────────────────┘
        ⇑ 選任・解任  監督          ⇑ 選任・解任  監督
              ┌──────────────────────────┐
              │        株主総会          │
              │・最高の意思決定機関       │
              │・商法・定款に定められた事項を行う│
              └──────────────────────────┘
```

(出所) 釜賀雅史『現代の企業と経営』学文社，2003年

　こうした伝統的な日本型経営によって，日本経済の高度成長は叶えられたし，また70年代いち早く石油危機を乗り越え，国際競争力を高めて経済大国へと成長することができた。これは否定できないところであろう。しかしながら，1990年代以降とりわけ近年，さまざまな企業の不祥事が発覚し，また長引く不況のなか抜本的な経営革新を行えないがために苦境に立たされる企業が

多くなった。そして,従来の日本的経営が否定的にとらえられ,その改革を迫られるようになった。つまり,日本的経営のマイナス面(株主や社外の声が通りにくく外部規制が効きにくいという点や,経営環境の変化に迅速な対応ができないという点)が顕在化し始めたのである。

こうしたなか,新たな**コーポレートガバナンス**(企業統治)のあり方が模索され,これまでの従業員重視型の経営から株主重視型の経営への転換,もしくは修正が図られるようになってきた。こうした状況のなかでの商法改正であった。

商法の改正と新制度

現在,ほとんどのわが国の株式会社は,株主総会,取締役,代表取締役,監査役会の機関で構成される上の図でみたような制度に従っている。しかし,2002年5月の商法改正に伴い,株式会社の機関のあり方が変わろうとしている。

この商法の改正に変更点は次のようなところである。

すなわち,商法特例法上の「大会社」すなわち資本金5億円超か負債が200億円超の会社,あるいは資本金が1億円超で定款(会社の憲法のようなもの)により大会社と同様に会計監査人の監査を受ける旨を定めた会社においては,上の従来型の会社制度以外に,委員会等設置会社および重要財産委員会を持つ会社の2つの制度から選択できるようになったということである。

これらの2つの制度に共通しているのは,社外からの取締役の選任である。委員会等設置型会社では監査役会が廃止されており,

取締役会のチェック機能が強化されたアメリカ型の会社に近くなっている。また，重要財産委員会をもつ会社は取締役会の専決事項の一部を当委員会に委譲することにより迅速な業務執行が可能となる形態になっている。

委員会等設置会社（アメリカ型）

従来の株式会社では，取締役のほとんどが社内取締役で，しかもその数は多く，業務執行とその監督が分離していなかった。そして，本来の取締役会が果たすべき業務執行のチェック機能が果たされていないという指摘があった。

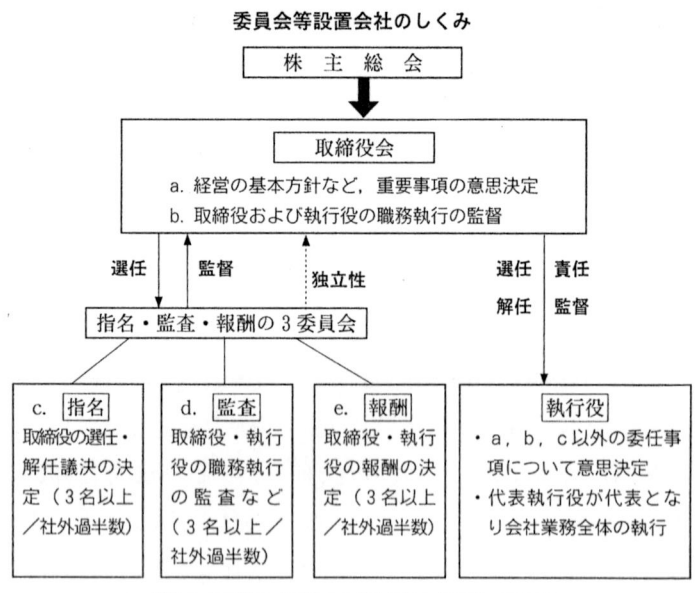

委員会等設置会社のしくみ

```
            株 主 総 会
                ↓
            取締役会
    a. 経営の基本方針など，重要事項の意思決定
    b. 取締役および執行役の職務執行の監督

   選任  監督  独立性      選任  責任
                          解任  監督
   指名・監査・報酬の3委員会

 c. 指名      d. 監査     e. 報酬           執行役
 取締役の選任・ 取締役・執行  取締役・執行   ・a, b, c以外の委任事
 解任議決の決  役の職務執行  役の報酬の決     項について意思決定
 定（3名以上  の監査 など   定（3名以上   ・代表執行役が代表とな
 ／社外過半数）（3名以上／  ／社外過半数）   り会社業務全体の執行
              社外過半数）
```

（出所）釜賀雅史『現代の企業と経営』学文社，2003年

そこで，今回の商法改正は次の点に主眼を置いた改正となった。

(1)　取締役会の監督機能を強化するため，業務執行とその監督の機能を明確に分離すること。
(2)　業務執行の効率性を高めるため，業務執行を行う新たな機関を創設し，取締役は監督機能を中心とする機関とすること。
(3)　業務執行の公平性を保つため，社外取締役を中心に構成され，一定の独立性を有する委員会制度を創設すること。

　こうして，従来とは異なる機関構成の制度，すなわち委員会等設置会社を選択することが新たに認められた。

重要財産委員会型会社

　また，さらに取締役の数が多すぎ定例の取締役会だけでは迅速な意思決定ができない，または実質的な意思決定が「常務会」等と呼ばれる一部の取締役の非公式な会議の場でなされ，取締役会はこれを追認するにすぎないなどの理由から，取締役会の形骸化が指摘されていた。この点を是正するために，取締役会の決議により，少数の取締役からなる「重要財産委員会」を設置し，これまで取締役会決議事項とされていた事項の一部について，同委員会で最終的な意思決定ができるようになった。こうして，従来の常務会等に法的な位置付けが与えられることとなり，より機動的な意思決定が可能となった。重要財産委員会を設置できる会社は，委員会等設置会社の場合と基本条件は変わらないが，取締役の数が10人以上，そのうち1人以上が社外取締役であるという条件がつく。委員会は，取締役会で選任された取締役（重要財産委員という）3人以上で組織され，取締役会の委任により，これまで必ず取締役会で決議しなければならないとされていた重要な財産

の処分および譲受け，多額の借財について最終的な決定を下すことができることとなった。

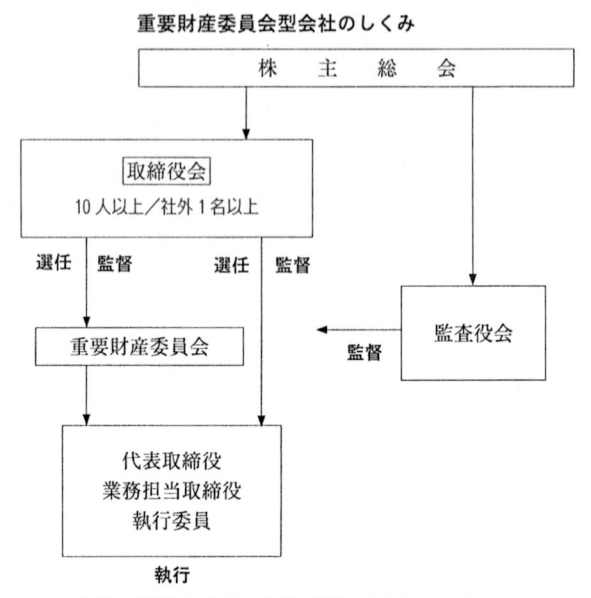

重要財産委員会型会社のしくみ

```
            ┌─────────────────────────┐
            │     株　主　総　会      │
            └─────────────────────────┘
                 │                    │
                 ▼                    │
    ┌──────────────────┐              │
    │    取締役会      │              │
    │10人以上／社外1名以上│             │
    └──────────────────┘              │
     選任 監督  選任 監督              │
       │          │                   ▼
       ▼          │          ┌──────────────┐
 ┌──────────┐    │    監督  │　監査役会　　│
 │重要財産委員会│ ◄──────────│              │
 └──────────┘    │          └──────────────┘
       │          │
       ▼          ▼
 ┌──────────────────┐
 │  代表取締役      │
 │  業務担当取締役  │
 │  執行委員        │
 └──────────────────┘
        執行
```

（出所）釜賀雅史『現代の企業と経営』学文社，2003年

委員会等設置会社のメリット

これら委員会等設置会社と重要財産委員会型会社への移行は，2003年4月以降からであったわけであるが，上（159-160ページ）の記事にあるように，委員会等設置会社は2003年6月段階で40社にのぼるということである。そのなかの代表的会社はソニーである。ソニーは，アメリカなどへの海外進出も早く，日本の企業のなかでは最もグローバル戦略を積極的に推し進めている企業だ

けに, このアメリカ型の制度に移行しやすい組織風土であったといえるだろう。

このような委員会等設置会社へ移行することのメリットとしては, まさしく「**取締役は株主に近い立場から業務執行を監督する。社外取締役による監督などで経営の透明性を高め**」というところにあるわけだが, そのほかに次のようなメリットも考えられる。

まず, 直接金融に有利になるという点である。従来の日本企業の資金調達は, メインバンクを中心とする金融機関に頼るケースが多かったが, 近年, 株式や社債といった直接金融に頼る企業が増えてきた。とりわけグローバルな事業展開を行っている企業はこの傾向が強い。委員会等設置会社になれば, 経営の透明性が高まると同時に, 市場に安心感をアピールできて, 資金調達が容易になると考えられる。

また, 意思決定がより迅速になるという点がある。委員会等設置会社では, 取締役会の決議によって, 執行役に大幅な権限の委譲が可能になるので, 実際の業務における意思決定が速やかに行われ, 競争力も一層強化されるだろう。

たとえば, 重要財産の処分や多額の借入れをする場合, 委員会等設置会社の場合は, 権限の委嬢によって, 執行役は単独でこれらを決定できるようになる（これは, 重要財産委員会型であれば, 重要財産委員会の決議が必要となるところである）。

さらに, グループ企業間の連携を強化することにもつながる。すなわち, グループ会社間で取締役を交換することによって, 企業グループの一体感の醸成や連帯の強化を図ることも可能である。

以上のような点がメリットとして考えられる。しかしながら，そこに不安や懸念がないわけではない。

　すなわち，実際に執行役の代表者である代表執行役に権限が集中し，権限の濫用につながらないかということである。また，従来，日本の大企業における取締役の地位は，生え抜きの社員にとっては将来の到達点であり，それがモラール（意欲）の向上にも結びついていたともいえる。このインセンティブがなくなれば，組織活性化をねらってさまざまな策が講じられてもうまくいかないのではないか。さらに，いざ委員会等設置会社に移行しようとしても，適当な社外取締役がみつからない。またみつかったとしても社長（代表執行役）の意に沿ったイエス・マンだけであったとしたら，新制度への移行の意味は薄れてしまうのではないか。このような懸念も浮かび上がってこない訳ではない。

調べてみよう

　委員会等設置会社および重要財産委員会型会社へ制度を変更した，もしくはそれを計画している企業の例を調べてみよう。

能力主義人事への傾斜

　日本的経営の特質といえば，終身雇用，年功的処遇，企業内組合のいわゆる「三種の神器」で説明された。しかし，終身雇用や年功的処遇は，経済が右肩上がりの成長を続けているような状況において可能だったわけで，90年代以降バブル経済崩壊後においては，その維持を可能とする客観的条件がなくなってきた。

　従来型の日本的雇用慣行は大きく様変わりしつつある。

トヨタ、年齢給を全廃　04年度にも能力主義へ転換

　トヨタ自動車は，社員の給与制度で，毎年増える年齢給を全廃する。すでに廃止している管理職や事務・技術職に加え，工場などで働く技能職の年齢給もなくす。今春闘の交渉で組合に提案し，04年度にも導入する方針。給与の一部に年功的要素は残すが，定期昇給の中核の年齢給を全廃することで，トヨタの賃金制度は能力主義型へ大幅に切り替わることになる。

　トヨタの技能職は組合員約5万8000人の6割，4万人弱を占める。組合員の基準内賃金は平均約36万円だが，技能職の場合，そのうち約2割は年齢給で，在籍年数に応じて毎年加算される。残る約3割が社内資格と査定に年齢的要素も一部加わる職能個人給，約3割が社内資格で一定額が決まる職能基準給，約2割は生産性の向上などを反映する生産性給となっている。

　年齢給を廃止することで，職能基準給と職能個人給を拡充する。職能個人給に年功的要素が一部残されるが，職能基準給は昇格しなけれ

ば上がらないため，技能職社員の給与格差が現在より広がることになる。

トヨタは99年から事務・技術職の年齢給をやめて職能基準給と職能個人給の2本立てにして，能力主義型の賃金制度への移行を進めてきた。

トヨタの今春闘では，労働組合がベースアップ要求を断念したのに加え，経営側が年齢給の廃止を打ち出すことで，「毎年同じように全社員の給与が上がる」という旧来型の賃金制度は曲がり角を迎える。

トヨタ自動車の給与制度

事務・技術職	技能職	
職能個人給 5割	職能個人給 3割	拡充へ
	職能基準給 3割	
職能基準給 5割	年齢給 2割	廃止へ
	生産性給 2割	

（一般的な例で、社員によって多少異なる）

（朝日新聞，2003年2月4日，朝刊）

「日本的」といわれる雇用慣行

終身雇用制

　日本的経営を特徴づける最も大きな要素が終身雇用制である。そもそも終身雇用という言葉は，アベグレン（J. C. Abegglen）が 1958 年に日本の雇用制度の特質を life-time commitment と表現したことに始まる。これは「新規学卒者を定期的に採用し定年まで長期雇用しようとする慣行」である。これは労使間の契約により成立するものではなく，労使相互の期待による慣行にすぎない。終身雇用制は大企業において典型的にみられ，中小・零細企業には定着していたわけではなかった。

　この制度の下では，入念な採用管理が行われる。人の採用は定期一括採用で，学校卒業前の一定の時期にほとんどの企業が一斉に採用活動を行う。その場合の新卒採用に関する基本的な考え方は，「職務に人を採用する」のではなく，「企業に人を採用する」という考え方である。中途採用は例外的で定期採用で適当な人材が確保できない時に限られる。この新卒採用に際しては，試験制度や能力主義的採用もみられるが，そこではなお，個人のパーソナリティの評価，顕在能力・知識よりも潜在能力が重視される。

　入社後は系統的な企業内教育と訓練（長期にわたる職場での訓練＝ＯＪＴ：On the Job Training）が施され，企業内異動＝ジョブ・ローテーションを通して多能工化が図られていく。こうして，個々の企業に適した人材が育成されることになる。

　終身雇用制のメリットとデメリットを示せば次のようになる。

まず，メリットとしては，以下の点が指摘される。

① 雇用の安定が，従業員の定着性，企業帰属意識，勤勉性を高めること。

② 雇用維持の要請が企業成長への強い動因となること。

③ 長期安定的人間関係が形成され，それは情報の共有と蓄積を促されて企業競争力が強化されること。

④ 弾力的に人材開発・配置転換が行われるとともに，新技術の円滑な導入が図れること。

⑤ （投資コストの回収が容易なため）企業独自の長期的人材育成が可能となること。

⑥ 労務コストが節約できること。

しかし，次のような問題もはらんでいる。

❶ 閉鎖的・排他的組織体質および仲間同志のもたれ合いと甘えの発生。

❷ 雇用の硬直化と人件費の固定費化。

❸ 初任給の上昇や年齢構成の高齢化による平均賃金コストの高騰。

❹ 昇進ポスト不足と有能な若手従業員のモラールの喪失。

これら①～⑥のメリットは，60年代の高度経済成長期により明確に現れた。しかし，70年代の低経済成長期になると，デメリットのとりわけ❷と❸の問題が顕在化しはじめて，終身雇用制維持の限界が云々された。また，90年代のバブル経済崩壊後の不況下にあって，各企業が直面した問題もこれであった。

年功的処遇

　年功的処遇は終身雇用制と密接不可分に関わるものである。わが国の賃金制度は年功給をベースに組み立てられてきた。これは，学歴や年齢・勤続年数などの属人的な基準によって決定される賃金（属人給）である。伝統的な終身雇用制の下では，欧米のような横断的労働市場にみられる横断賃金や職務給（職務別に賃金が決められる）に代わって，この年功給が中心となってきた。ただ，実際には職務遂行能力や貢献度を無視して機械的に学歴や年齢によって賃金が決められるということはなく，一般には年功給を基礎に職能給（労働者の職務遂行能力の判定に基づいて賃金が決められる）または（そのウエートは低いが）職務給の要素をも取り入れて決定される場合が一般的である。

　昇進においても学歴・勤続年数・年齢を基準にして行う年功昇進制が採用されてきた。それは，次のような考え方に基づく。特定企業において勤続年数を重ねることによって，その労働者の熟練が増し，職務知識も豊富になり，所属集団での人間関係にも適応し，さらに人間関係をうまく処理する能力や集団をリードするリーダーシップも身についてくる。すなわち，勤続年数とともに熟練，職務知識，リーダーシップ能力，忠誠心や責任感などの成熟度も増すとみるのである。

　このような年功制にも問題点が指摘される。たとえば，まず，年功によって昇進が決定づけられるのであれば必然的に多くの管理職ポストが必要になる。高度成長期で企業規模が拡大している時は問題ないが，企業規模の拡大が望めない低成長経済下にあっ

ては管理職ポストが不足することになる。また,従業員の価値観の変化も見逃せない。さらに,情報技術革新に基づく経営革新の進展によって,年功(勤続年数)と能力との乖離が生じてくる。

こうした問題に対応すべく,人事管理のスタンスは年功人事から能力主義人事へ,さらには成果主義人事へと変化せしめた。賃金体系も年功給中心のものから職能給および職務給を重視するそれへと移行した。

企業内組合

わが国の労働組合は,その組合員資格が特定企業の正規従業員のみに限定され企業ごとに形成されるところの企業内組合である。これは,欧米の横断的労働市場を前提とする職業別組合や産業別組合とは性格を異にする。わが国でも産業ごとに労働組合の全国組織はあるが,そこに加盟している個々の組合は,完全に独立を保っており,企業内(別)組合の性格は失われることはない。企業内組合においては,幹部は当該企業の従業員から選ばれるが,その選出においては勤続年数や年齢がどうしても考慮されることになり,職制秩序がそのまま反映される場合が多い。わが国の場合,経営者と組合幹部との間には概して良好な人間関係が成立しており,組合幹部が後に企業幹部になることは希ではない。こうして労使協調の風土が形成されていくが,このことは組合が日本的集団主義的経営の形成・維持に積極的に貢献してきたことを意味する。

揺らぐ終身雇用と年功制

　客観的にみて，終身雇用を維持することが困難な状態である。そして，全体的趨勢として，雇用形態の多様化（中途採用，パートタイマーや契約社員など）がみられ，出向・転籍が一般化し，選択定年制も導入されて，一つの会社で入社から定年退職まで勤めあげるという文字どおり「終身雇用制」が適応される層は少なくなっている。

終身雇用制に関するアンケート

	1	2	3	4	5	6	
	あくまでも維持	←			→	維持にこだわらず	
合計	26 6.6	111 28.4	126 32.2	78 29.9	40 10.2	10 2.6	391(社) 100(%)

（出所）『平成12年度版総合経営力指標』（製造業編）

　『平成12年度版総合経営力指標』（製造業編）のアンケート調査によれば，3分の1の企業が終身雇用維持にこだわらないと回答している。当アンケートは，上の表のように「あくまで維持するつもり」から「維持することに全くこだわらない」まで6段階に分けて質問している。それによると維持の意志の強い企業（選択肢1，2を回答）は35%であり，一方維持することにこだわらない企業（選択肢4，5，6を回答）は32%となっている。この32%を多いとみるか少ないとみるは判断が分かれるところである。

　1995年頃までは，「過去幾度かの景気調整期において何らかの

形で雇用調整を余儀なくされたが、それによってわが国の長期雇用慣行の軸がブレたという理解にはなっていない。それは『長期的視野にたった経営』をベースに、労使が柔軟に対応してきたためである。むしろ雇用調整のシステムの存在が長期継続雇用の慣行を支えてきたと理解すべき」である（日本経営者団体連盟、1995年）という主張が経営者にはみられたが、現在では少なくとも「雇用維持は経営者の最大の責務」という考え方は一般的ではなくなってきているのは確かである。

また、このように終身雇用制の動揺と軌を一にするように、「年功制」による処遇は中高年ホワイトカラーの雇用を維持していくためにも修正を余儀なくされている。単に勤続を重ねれば一定の役職まで到達できるのではなく、企業に対する貢献に見合った処遇を行うという、いわゆる**能力主義**人事が行われるようになる。そして、2000年を前後してさらに実績・成果をよりストレートに賃金に反映させるという**成果主義**の導入も目立った。

少子高齢化と女性の社会進出が雇用慣行を変える

終身雇用制と年功制をベースとする人的システムとしての日本的経営システムは，経済の低成長が恒常化したことのほか，次のような社会構造の変化がその維持を困難にしている。

まず，若年労働者の減少と中高年齢者の増加という労働力供給構造の変化である。出生率の低下などにより，若年労働力の供給が減少している。20歳台前半層は2010年には約644万人に減少する。また，15歳～29歳層の若年労働者は，2000年の1556万人をピークに減少する。この結果，若年労働者の確保が困難となり，雇用コストが上昇すると予想される。したがって，従来のピラミッド型組織の維持や年功的処遇は困難となる。

また，中高年者についていえば，45歳以上の人口は，1993年頃は約5028万人であったが2010年には約6187万人に増加する。したがって，これらの中高年者のうち，1947，49年生まれの役職適齢期に当たる団塊の世代を，従来の年功的昇進・昇格制度の下では役職者として処遇することが困難となる。

そして，女性の職場進出が進展しているなか，出産・育児などで一旦退職すると十分に能力を発揮できなかったこれらの層が活躍できるような多様な就業形態の出現が望まれている。

さらに，個人の生活を尊重する考え方が広がっていくなかで，企業に対する過度のコミットメントを問題視するようになった。価値観の多様化が進み，個々の従業員に対して同質的一律的な対応が困難となってきた。こうした事情にも注目しておかねばならない。

高まる能力給の比率―トヨタ自動車の賃金制度―

　日本的経営を特徴づける人事諸制度の変化の例をトヨタ自動車でみてみよう。

　トヨタの場合，ここ 1980 年代末以降幾度かの人事制度の変更を行ってきている。そして，上（169-170 ページ）の記事のように，工場現場の従業員の処遇を事務・技術職と同様に，年齢給を全廃し能力主義へ転換するに至っているというわけである。

　世界屈指の自動車メーカーであるトヨタがあみだした「カンバン方式」に基づくトヨタ生産システムは，集団主義と現場主義の思想に基づく「日本的」生産システムの代名詞にすらなっている。だが，このトヨタも他の日本企業と同様，ひとつところに止まることなく常に変化する経営環境に適応すべく，経営組織の改善・修正を重ねてきた。

　トヨタの賃金制度の変更は，今回の変更以前についてみれば次のようになっている。

　1989 年以前のトヨタの賃金制度は，係長級以下（組合員）の場合，基準内賃金の大部分が基本給とこれに比例する生産手当てによって決定されていた。

　基本給は，能力・勤続・業績を総合的に評価して決定する総合決定給であったものの，毎年昇給時に積み上げによって見直されるもので，勤続年数に比例して高くなるという性格をもっていた。生産手当ては，生産性の向上または低下を賃金に反映するものである。だが，それは基本給に職種別・職場別に決定する生産手当

第5章　企業と経営　179

トヨタ自動車の賃金制度の変遷

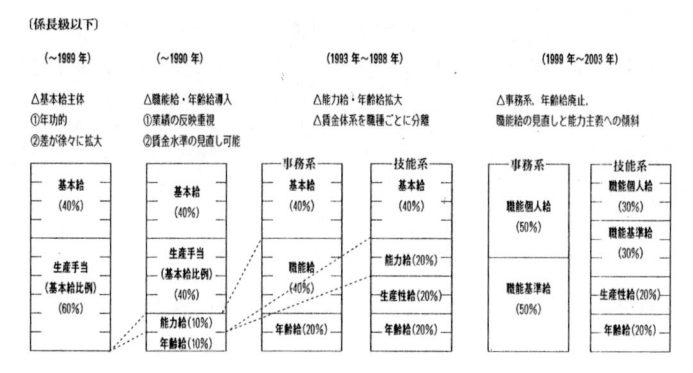

(係長級以下)

(～1989年)	(～1990年)	(1993年～1998年)	(1999年～2003年)
△基本給主体 ①年功的 ②差が徐々に拡大	△職能給・年齢給導入 ①業績の反映重視 ②賃金水準の見直し可能	△能力給・年齢給拡大 △賃金体系を職種ごとに分離	△事務給、年齢給廃止。 職能給の見直しと能力主義への傾斜

		事務系	技能系	事務系	技能系
基本給 (40%)	基本給 (40%)	基本給 (40%)	基本給 (40%)	職能個人給 (50%)	職能個人給 (30%)
					職能基準給 (30%)
生産手当 (基本給比例) (60%)	生産手当 (基本給比例) (40%)	職能給 (40%)	能力給(20%)	職能基準給 (50%)	生産性給(20%)
	能力給(10%)		生産性給(20%)		
	年齢給(10%)	年齢給(20%)	年齢給(20%)		年齢給(20%)

日本経営者団体連盟『新時代の「日本的経営」』1995年、p.119の図に加筆して作成

支給率を乗じて算定するもので，その額の多寡が基本給の大きさに規定されるゆえに勤続給的性格をもつものであった。したがって，このような賃金制度は年功的・勤続的要素が極めて大きいもので，「日本的」年功賃金の一つのモデルを示すものであったといえる。

そのような賃金制度が，その後，見直され変更されているが，その見直しの際，次のような点が強調されている。

(1) 個人の頑張りをある程度リアルタイムで反映していくことで，目標に継続的にチャレンジしていく意欲を誘因する。

(2) 個人の能力に見合った賃金格差をある程度つける。

(3) 賃金の決定基準を従業員にわかりやすくする。

このように，トヨタ自動車の賃金制度は，より能力主義的な方向へ修正され，そして，上（169-170ページ）の記事にあるような改正に至っているのである。

トヨタの人事・雇用制度全体をみた場合も，この賃金制度だけでなく，いろいろなところで変化してきている。とはいえ，それらの変化は従来の「日本的」経営からの完全な脱却を意味するものではないように思われる。

　終身雇用（長期雇用）ゆえに可能な熟練形成とノウハウの蓄積は製造業にとっては生命線であるだろう。そのことは，能力主義的な性格が鮮明になったといいつつも，「**給与の一部に年功的要素は残す**」ことになったことと無関係ではないであろう。また，欧米とは違った労使協調に基づく経営のあり方は依然堅持されるであろう。要するに，従来の日本的経営のデメリットを是正する方向で，漸進的に改革が推し進められているということができるのである。

さまざまな雇用形態

　終身雇用制が崩れていくということは，一方において多様な雇用のあり方がみられるようになるということでもある。

　総務省「平成13年8月労働力調査特別調査結果」によれば，正規社員と非正規社員の比率は次のようになっている。実数で「正規の職員・従業員」3581万人，「パート・アルバイト」1007万人，「派遣社員」45万人，「契約社員・嘱託」227万人，「その他」81万人となっている。これを1年前の「平成12年8月労働力調査特別調査結果」と比較すれば，「正規の職員・従業員」は95万人の減少，「パート・アルバイト」は109万人の減少，これに対して「派遣社員」は7万人の増加，「契約社員・嘱託」85万

人の増加となっている。

　正規社員以外の雇用形態が増加していくことは雇用形態の多様化を意味するが，全体としてみると企業は正規社員を削減しその穴埋めとして非正規社員を増加させる傾向にある。

　雇用形態の多様化は，一方では，一つの企業に縛られたくない，自由時間を大切にしたい，家事の空き時間だけ働きたい，専門を生かしたい，定年退職後も仕事をしたいなどの働く側の意識の変化にも対応するものであるが，人件費総額削減の視点からみれば，固定費化しやすい人件費（賃金，賞与，法定・法定外福利費など）を変動費化したいという企業側の戦略によるところが大きいのである。労働力を「必要なときに必要なだけ」調達することを雇用のジャスト・イン・タイム（ＪＩＴ）ということができる。また，これらを促進する，改正男女雇用機会均等法，改正労働者派遣法，改正職業安定法などの労働法規も相次いで施行されている。

　こうした雇用形態の多様化は，従業員の同質的・一元的に管理することを不可能にするから，日本企業の伝統的な人事システムの崩壊を意味するようにみえる。では今後どのような雇用システムの出現が考えられるだろうか。

　次の図と表は，日経連『新時代の「日本的経営」』（1995年）に掲載されたものである。これによると，雇用形態は，期間の定めのない雇用契約による「長期蓄積能力活用型グループ」，有期雇用契約による「高度専門能力活用型グループ」，有期雇用契約による「雇用柔軟型グループ」の３つに分類されている。

　これは，日経連の「雇用ポートフォリオ」論といわれるもので，

企業・従業員の雇用・動機に対する関係

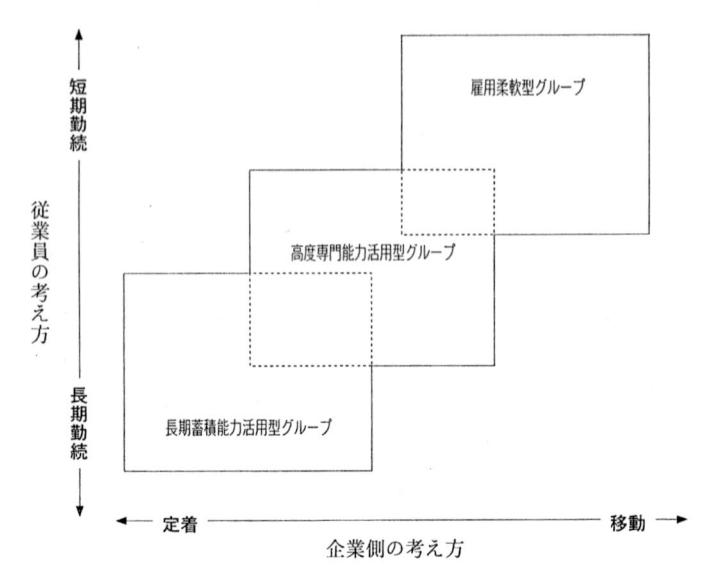

従業員の考え方：短期勤続 ↔ 長期勤続
企業側の考え方：定着 ↔ 移動

- 雇用柔軟型グループ
- 高度専門能力活用型グループ
- 長期蓄積能力活用型グループ

注： 1　雇用形態の典型的な分類
　　 2　各グループ間の移動は可

グループ別にみた処遇の主な内容

	雇用形態	対象	賃金	賞与	退職金・年金	昇進・昇格	福祉施策
長期蓄積能力活用型グループ	期間の定めのない雇用契約	管理職・総合職・技能部門の基幹職	月給制か年俸制 職能給 昇給制度	低率＋業績スライド	ポイント制	役職昇進 職能資格昇格	生涯総合施策
高度専門能力活用型グループ	有期雇用契約	専門部門（企画，営業，研究開発等）	年俸制 業績給 昇給なし	成果配分	なし	業績評価	生活援護施策
雇用柔軟型グループ	有期雇用契約	一般職 技能部門 販売部門	時間給制 職務給 昇給なし	定率	なし	上位職務への転換	生活援護施策

（出所）　日本経営者団体連盟『新時代の「日本的経営」』1995年

定年までの雇用を想定した正規社員を中心として，雇用期間を限定した高度な専門能力者，出向社員，パート，派遣社員，嘱託社員，アルバイトなど多様な雇用を組み合わせた企業経営の構図が示されている。このポートフォリオ論は95年に示されたものであるが，その後，この構図に沿った形で変化してきている。

　今後このような雇用の組み合わせが一般に行われるようになるとすれば，先にみたような日本的経営の特質を説明する諸要素のいくつかはみられなくなるか，その影が薄くなるだろう。

　では，日本的経営は消滅するのか。そう結論づけるのは早計であろう。企業の戦略決定は長期蓄積能力活用型グループによって行われ，このグループを中核として経営は行われるとすれば，従来の日本的経営の基本性格は失われないだろう。なぜならこのグループは従来の日本的雇用の枠組みの中に置かれているからである。とはいえ，企業の全体像はかつての「日本的」企業のイメージとはかなり異なったものになっているには違いない。

調べてみよう

　トヨタ自動車以外で，雇用・人事制度を変更した企業をいくつか具体的に調べてみよう。

第6章　外国為替と国際収支

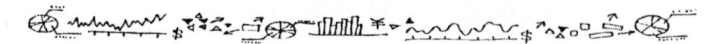

外国為替相場

　われわれは，円というお金を持っていれば，国内で自由にモノやサービスを買うことができるが，外国からモノを輸入したり，外国旅行をする時には，通常，円をその国の通貨に交換してからそれを支払いにあてる。円での支払いもあるが，その際は，相手側がその円を自国通貨に交換することになる。このように外国との取り引きでは，個人であろうと企業であろうと，ある国の通貨と他の国の通貨との交換ということが必要になる。

　外国為替相場という場合，それは自国通貨と他国通貨との交換比率をいうわけで，外国通貨の1単位は何円になるかというふうに示される。新聞やテレビのニュースでは外国為替相場については毎日報じられ，また，為替相場の状況およびその背景などを扱った記事は頻繁に目にする。

円高、半年ぶり116円台　政府・日銀介入後も加速

　27日の東京外国為替市場は一時，1ドル＝116円86銭まで上昇した。116円台は昨年8月15日以来。イラク攻撃への懸念からドル安が加速した。日本の通貨当局による円売り介入への警戒感も根強く，神経質な取引となった。午後5時時点の円相場は26日同時点より44銭円高ドル安の1ドル＝117円00～03銭。その後，ロンドン，ニューヨークの各市場でも，一時1ドル＝116円台で取引されている。

　イラク攻勢を巡っては米英と仏独などとの「対立」が鮮明になっているが，市場では「米英の単独攻撃の可能性が高まっている」との見方が広がり，米系のヘッジファンドを中心にドル売りの動きが強まった。

　最近発表された米国の経済指標が予想より悪く，貿易赤字と経常赤字の「双子の赤字」が拡大するとの観測が広まっていることも円買い・ドル売りを後押しした。

　外国為替市場での急激な円高ドル安を防止するため，政府・日本銀行が今週に入って円売りドル買いの市場介入を実施した。介入は1月中～下旬の実施に続くもので，今回の介入も円安誘導を目的とした介入ではなく，通貨当局者は，イラク情勢の緊迫化につれて過敏になっている為替市場での急速な動きを和らげるためだとしている。

　通貨当局は介入額は明らかにしていないものの，市場関係者の間では1月の7,000億円弱を上回る規模とみられ，海外市場で円が1ドル＝117円近辺に迫った25日に実施された模様だ。しかし，その後も円買いドル売り圧力は強く，27日の東京市場では約半年ぶりの1ドル＝116円台をつけた。

相場の不安定さが増せば，政府・日銀は追加介入に乗り出す構えだ。

(朝日新聞, 2003年2月28日, 朝刊)

　為替相場に関する新聞記事といえば，このように外為市場の状況を説明するものとなる。このような記事を読み解くには，外国為替市場とはどのような市場なのか，どうして円高・円安になるのか，という問いに応えられるだけの外国為替について一定の理解が必要となる。

そもそも外国為替とは

　日本国内でも外国でも，遠隔地の会社から商品を購入する際，代金支払において現金をそのまま送金するという手段しかないとなると極めて不便である。途中で現金が紛失する危険もある。こうした場合，商品の取引を行った当事者間に金融機関が入り，代金の決済を手助けすることができる。この金融機関が介在し決済を行う際に使われる小切手や手形などの手段が為替である。国内で行われる為替が内国為替であり，国境を越えて外国との間で行われる為替が外国為替である。

　たとえば，日本のA社が米国のB社から商品を購入し，その代金1万ドルをB社に支払う必要が生じたとしよう。ただし，この時の円とドルの交換比率，つまり，円の対ドル・レートは1ドル当たり120円であったと仮定する。そして，A社は日本のC銀行に口座を開いており，B社は米国のD銀行に口座を開いているとする。

A社はまずC銀行に出向き，自分の口座から120万円を引き落とし，それを1万ドルに交換する。そしてA社はC銀行に対して，その1万ドルをD銀行のB社の口座に入金してもらうよう依頼する。この依頼を受けたC銀行は，D銀行に対してそこに預けてある自分の口座から1万ドルを引き落とし，それをB社の口座に入金するよう依頼する。

　こうした一連の流れを経て，A社のB社に対する代金の支払いは完了することになる。A社が外国の会社に製品を売り，代金を受け取る場合はこれと逆方向にお金が動くことになる。

　なお，このような外国為替の取引が行われるには，銀行同士が前もって為替取引に対する契約（これをコレルス契約という）を

外国為替のしくみ

（日本）　　　　　　　　　　　　　　　（米国）

A社 ← 1万ドルの商品 ① ― B社

120万円の支払②　　　　　　　　1万ドルの入金④

C銀行　　　　　　　　　　　　　　　D銀行

　　D銀行にあるC銀行の口座から
　　1万ドル引き落してB社の口座
　　に入金するよう依頼　③

※1ドル＝120円と仮定

結び，相互に口座を開いておく必要がある。この点，国内の銀行間の決済が，日本銀行にある各銀行の当座預金口座の間で行われるのと異なる。

このように，外国為替においては自国通貨と外国通貨の交換が最も重要なポイントとなる。その交換比率が外国為替相場である。そもそも，外国為替は貿易取引の決済手段であるわけだが，モノの輸出入を伴わない資金移動が増加するにつれて，通常，外国為替というと単に外国通貨を指すようになっているのである。

外国為替市場

たとえば，われわれが海外旅行のために外貨を用立てようとする場合，外国為替公認銀行（Authorized Foreign Exchange Bank）に指定された銀行，いわゆる外為銀行（為銀とも呼ばれる）に行って，ここで外貨と円とを交換してもらう。このような外為銀行の窓口で行われる銀行と顧客との間の取引も，広い意味で外国為替市場と呼ぶことができるが，これは外貨＝外国為替のいわば小売市場ということになる。一般に外国為替市場という場合は，銀行対顧客間の取引を除外して，外為銀行と中央銀行である**日本銀行**，それに為替ブローカーと呼ばれる外国為替仲介業者（トウキョウフォレックス・上田ハーロー，日短ＦＸ，メイタン・トラディショナルの3社）によって構成されるインター・バンク市場をさすわけで，それは外国為替のいわば卸売市場ということになる。

為替ブローカー（トウキョウフォレックス・上田ハーロー）のディーリングルーム

（出所）上田ハーロー株式会社ウェブサイトより
（http://ueda-net.co.jp/hb/index.html）

 とはいえ，外国為替の卸売市場とはいっても，たとえば魚市場のように収引関係者が一定の場所に集まって，そこで取引が行われるというわけではない。それは，外為銀行やその仲介をする為替ブローカーとの間を結ぶ私設電話のネットワーク，すなわちテレフォン・マーケットであり，眼にみえない空間の市場なのである。もっとも1980年代後半以降，コンピュータ画面（スクリーン）を見ながらキーボードを叩いて取引することが一般的になっているという意味では，スクリーン・マーケットといった方が適切である。

外国為替市場のしくみ

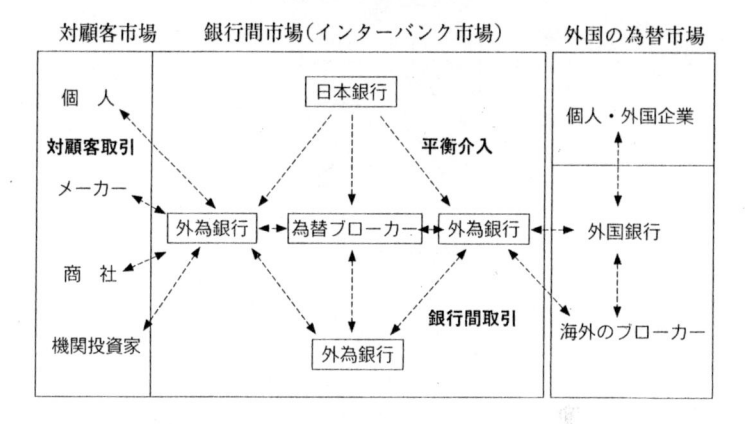

| 対顧客市場 | 銀行間市場(インターバンク市場) | 外国の為替市場 |

対顧客取引：個人、メーカー、商社、機関投資家 ↔ 外為銀行 ↔ 為替ブローカー ↔ 外為銀行 ↔ 外国銀行 ↔ 個人・外国企業、海外のブローカー

日本銀行：平衡介入

銀行間取引：外為銀行

(出所) 折笠・釜賀・熊田『日本経済の基本問題』実教出版, 1998年

　日本における外国為替市場＝外国為替取引ネットワークの中心は東京にあるが, この東京外国為替市場はロンドン, ニューヨークに次ぐ世界の三大外国為替市場の一つになっている。

　このような外国為替市場は, 東京, ロンドン, ニューヨークをはじめいくつかの主要都市にある。情報通信手段の急激な発達は, 世界の外国為替市場を結びつけ, 世界の為替取引を一体化させるにいたっている。あたかも地球全体が一つの市場のようになっている。世界の国々には時差があるから, 一日中どこかの国の市場が開いていることになり, 事実上, 取引は 24 時間行われる。

為替相場

　東京の外国為替市場は, 午前 9 時から午後 3 時もしくは午後 5 時までとされる（ただ, これは報道や記録をするための便宜上の

東京市場時間帯による主な外国為替市場

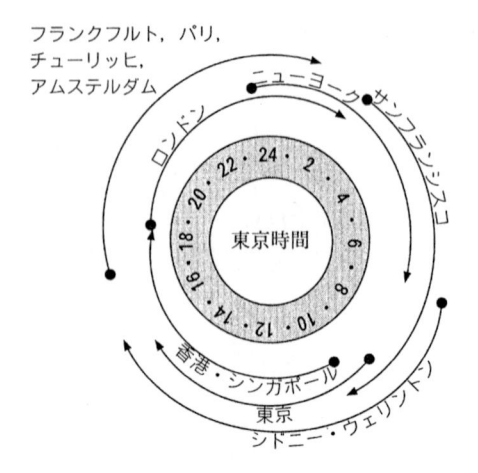

フランクフルト，パリ，
チューリッヒ，
アムステルダム

ニューヨーク　サンフランシスコ

ロンドン

東京時間

香港・シンガポール

東京

シドニー・ウェリントン

（出所）伊藤元重『ゼミナール国際経済入門』日本経済新聞社，1996年。

ものといえる)。この時間帯において，取引開始後最初の値段が寄付，最後の値段が終値である。そして，その間の相場の変化のなかで高値や安値，中心が決まる。

なお，外国為替市場における為替相場は1ドル＝116円86銭というように，銭の単位まで表示される。日常生活では銭の単位は使用されないが，なぜ外為市場では銭の単位まで必要なのだろうか。実は外国為替市場での為替ブローカーを仲介役とする取引は，1口が1ドルではなく100万ドルなので実際の取引では銭の単位は万の単位に相当する。為替相場が1ドル＝116円86銭であれば100万ドルは1億1686万円となるわけで，この1億1686万円がドル取引1口の値段になるわけである。

為替取引は，日本時間の午前9時前には，世界で最も早くその

日の取引が始まるウェリントンやシドニーで行われているし，日本時間の午後5時過ぎにも，世界で最も取引量の多いロンドンや第2位のニューヨークで行われている。

そして，これらの外国為替市場はそれぞれが独立して動くことはない。事実，先の記事は2003年2月27日の東京市場で1ドル＝116円台に突入した旨を伝えるものであるが，「**ロンドン，ニューヨークの各市場でも，一時1ドル＝116円台で取引されている**」と報じている。なぜ，このように各市場で同水準が保たれるかというと，2つの市場でかけ離れた相場が成立すると，すぐに安い市場でドル（または円）を買い，高い市場でドル（または円）を売るという動きが起こって，2つの市場の為替相場はならされるからである。

また，為替相場と一口にいっても，それには複数の相場がある。たとえば，為替取引が成立して2日後に決済するものを「**直物**」取引，決済が3日目以降のものを「**先物**」取引といい，それぞれの相場を直物相場（「銀行間直物翌々日渡し」相場），先物相場と呼んでいる。通常，新聞やテレビで報じられる相場は，銀行間の直物相場である。これに対して，外為銀行が企業や個人との間で外貨を売買する際の相場（小売値）は，「**対顧客相場**」といい，午前10時の東京外国為替市場での銀行間直物相場を基準相場（外国為替公示相場）にして，これに売り相場，買い相場とも銀行のマージンを加えて決定される。この対顧客相場は，変動する為替市場での銀行間相場とは異なり，原則として一日中変わらない。なお，基準相場が1円以上動くと，各銀行の判断で変更される。

現金とトラベラーズチェックとではどちらが得？

ハワイ旅行に出かける人は，国内の銀行で滞在経費のドルを両替する人が多い。その場合，直接ドル紙幣に両替するか，トラベラーズチェックでもつか，コストの面だけで考えてみると，実はトラベラーズチェックの方が1ドルにつき2円安く購入でき得である。また，現地で買い物をする時，現金（ドル）で支払うよりクレジットカードで決済した方が安くつく。

なぜ，日本国内でドル紙幣を用立てようとすると高くつくかというと，米ドルは米国の連銀だけが発券するものであり日本では発券できないからである。下に示すように，両替のドル相場とニュースで報じられる相場の差額3円には，実は，ドル紙幣が米国から運ばれてくる際の運賃と保険料も含まれているのである。

いろいろな為替相場

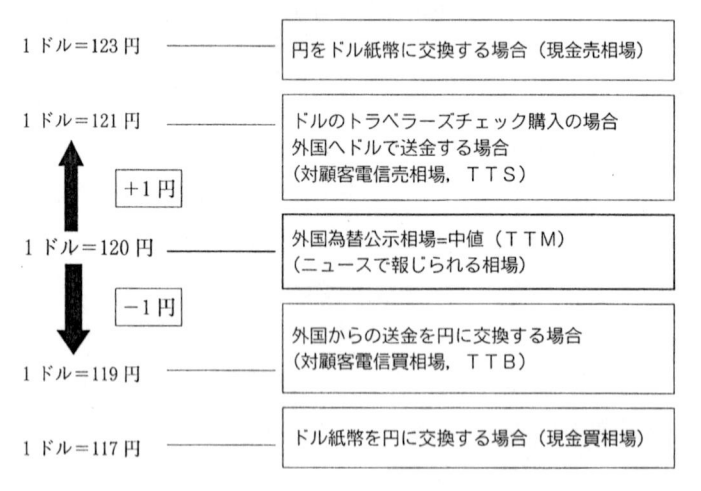

1ドル＝123円	円をドル紙幣に交換する場合（現金売相場）
1ドル＝121円	ドルのトラベラーズチェック購入の場合 外国へドルで送金する場合 （対顧客電信売相場，TTS）
1ドル＝120円	外国為替公示相場＝中値（TTM） （ニュースで報じられる相場）
1ドル＝119円	外国からの送金を円に交換する場合 （対顧客電信買相場，TTB）
1ドル＝117円	ドル紙幣を円に交換する場合（現金買相場）

（＋1円，−1円）

なぜ為替相場は変動するか

記事（186-187ページ）によれば，2003年2月27日の東京外国為替市場ではドルが売られ，午後5時時点では前日より44銭円高ドル安の1ドル＝117円00〜03銭で取引されたと報じている。どうして，このように為替相場は変化するのだろうか。

要するに，為替相場の変動はインター・バンク市場におけるドルに対する（または円に対する）需給関係によって決まる。ドルを売る者が買う者より多ければ，ドルの値段は下がり（円は高くなり），逆にドルを買う者が売る者より多ければ，ドルの値段は上がる（円は安くなる）。

では，その需給関係は何に規定されているのだろうか。

貿易黒字の場合

単純にモノの取引しか行われていない場合を考えてみよう。外国との貿易を行なうとなんらかの形で自国通貨と外貨とを交換す

為替相場変動のメカニズム

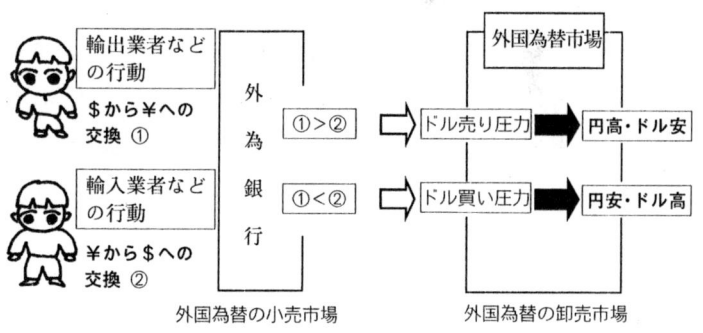

| 輸出業者などの行動　$ から ¥ への交換 ① | 外為銀行 | ①＞② | ⇒ | ドル売り圧力 | ➡ | 円高・ドル安 |
| 輸入業者などの行動　¥ から $ への交換 ② | | ①＜② | ⇒ | ドル買い圧力 | ➡ | 円安・ドル高 |

外国為替の小売市場　　　　外国為替の卸売市場

る必要が生じる（輸入側が外貨を購入して輸入代金の支払いをしたり，輸出側が外貨で受け取った代金を自国通貨に交換するなど）。

そこで，輸入業者の活動が輸出業者の活動より活発で，取引額においても輸入額が輸出額を凌ぐ状態（円で評価しても，ドルで評価しても）であればどうなるだろう。代金支払のため輸入業者達が購入しようとするドルの総額が，輸出業者達が売ろうとする輸出代金のドルの総額よりも，多いということになる。すなわち，この外為銀行では持ち込まれるドルの総額より持ち出されるドルの総額が多いということになるから，ドル資金の不足に陥る。そうなると，この外為銀行は外国為替市場でドルを調達しようとするだろう。しかし，国全体でみて貿易が赤字の状態である場合は，どの外為銀行でもドル不足に悩んでいる状態だろうから，外国為替市場では，ドル買いの圧力が強く，ドルの値段は上がっていくだろう（円の値段は下がっていくだろう）。貿易黒字の時はこの逆である。よく中期的スパンで見た場合，為替相場を左右する基本的な要因として貿易（経常）収支が強調される場合があるが，それを説明する基本原理はここにある。

記事（186ページ）には**最近発表された米国の経済指標が予想より悪く，貿易赤字」が「拡大するとの観測が広まっていることも円買い・ドル売りを後押しした」**とある。なぜそうなるのだろうか。

つまり，自然の成り行きからすれば，貿易赤字が赤字になるとその国の通貨価値の低下ということになる。しかも，そのデータが赤字はさらに拡大するとの予想を可能にするものであれば，先々

さらにドルは安くなる可能性が高いということになる。それゆえに資金をドルではなく，その価値が相対的に高い，もしくは安定していると思われる通貨と交換しておいた方がよいと考える投資家（生命保険会社や信託会社などの**機関投資家**）がいても不思議ではない。記事はこのような事情を説明しているのである。

金利差が拡大した場合

他の事情に変化がなかったとして，日本と米国の金利差が拡大した場合，為替相場は変化する。たとえば，米国の市中金利は6％で，日本は3％（日米の金利差は2％）だったとする。そこで，米国において景気低迷により，資金需要が減少して金利が低下し，米国の金利が6％から4％に低下したとする（もしくはさらに低下すると予想されたとする）。そうすると，当然，米国の金融商品に投資するメリットが薄れ，投資家が米国に持つドル資金を手放すだろうということは容易に理解できる。

逆に米国の金利が高まり金利差が拡大すれば，米国の金融商品に投資する投資家が増え，ドルの需要が高まってドル高になるわけである。この典型的なケースが80年代前半のレーガン大統領時代にみられた。

さまざまな要因

為替相場の変動要因としては，金利や貿易（経常）収支の他に，よく物価の差が指摘される場合がある。つまり物価が安定している国の通貨は，物価が騰貴している国の通貨よりも購買力が相対的に大きくなるので，その分，為替相場は高くなるというものである。かつてインフレの激しい中南米などの国々の通貨の対ドル・

考えられる為替相場変動要因　　他の事情に変化がない場合

← 円　高	要　因	円　安 →
黒字	貿易(経常)収支	赤字
海外から日本への投資増加	投資	日本から海外への投資増加
日本人の海外旅行増加	海外旅行	外国人の日本への旅行増加
日本の高金利で拡大	金利差	日本の低金利で縮小
上昇	経済成長率	鈍化
安定	政治情勢	不安定

レートと国内物価との関係は非常にきれいに連動としていることが指摘されたことがある。

　このように，為替相場の背景には，必ず何らかの要因が潜んでいるわけであるが，しかし，その変動もひとつの要因によって決まるというものではなく，さまざまな要因が絡んで日々変動している。しかも，株式市場と同様，その国の市場人気に左右されもする。為替市場は，基本的には市場のメカニズムが働くところであるが，投機的取引（ヘッジファンド）によってかく乱されることもある。

　為替相場には，将来の予想が反映されているし，経済成長率や失業率，国際競争力などの要素，いわゆるファンダメンタルズの他に，国際情勢など経済外的要因も反映される。実は2月27日の東京外国為替市場の為替相場変動の背景には，米英軍の「**イラク攻撃への懸念**」があった。

　従来，「有事に強いドル」といわれ，戦争が発生すれば「有事のドル買い」が発生した。世界最大の経済力を有し，世界最強の軍隊を持つ米国のドルは「安全資産」として買われていた。しかし，ドル安となる場合も少なくない。ここ10年くらいをみると

有事のドル買いは短期には有効だが，中長期的には効果がないとみられているようである。それよりも有事が発生した時点の米国経済のファンダメンタルで資金の流れは決まると考えられ，米英軍のイラク攻撃については，少なくとも米国経済のファンダメンタルを好転させる材料とはならないと判断されているといえる。

　このように，さまざまな要因が絡んで為替相場は変動するわけであるが，その変動が激しい場合は，それが経済のかく乱要因になり，好ましくない状況をもたらすこともある。機関投資家の為替投機により，先進各国の経済の実勢（実力）からかけ離れた水準で為替相場が推移すれば，諸国間の経済不均衡を拡大させてしまうだろう。

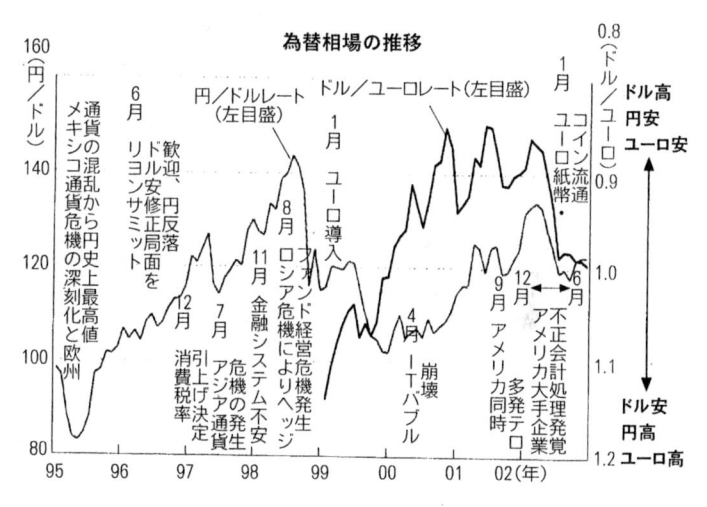

為替相場の推移

(出所) 富山県統計調査課『経済指標のかんどころ 2002年/改訂22版』

政府・日銀の市場介入

こうした状況を回避するために,各国の中央銀行は各国の外国為替市場に介入し,相場の安定を図ろうとする。

先の記事(186-187 ページ)も,2003 年 2 月 27 日に「**急激な円高ドル安を防止するために,政府・日本銀行が**」「**円売りドル買いの市場介入を行った**」旨を報じている。だが,2003 年 2 月の市場介入はこの日だけではなかった。実は,財務省・日銀は頻繁に行っているのであるが,特に 2 月 27 日はその規模が大きかった。

日銀の市場介入は,財務省の判断に基づき行われるもので,為

2003 年 1・2 月の市場介入

実施日	金　額	売買通貨
1 月 15 日	83 億円	米ドル買い・円売り
1 月 16 日	570 億円	米ドル買い・円売り
1 月 17 日	1,376 億円	米ドル買い・円売り
1 月 20 日	59 億円	米ドル買い・円売り
1 月 23 日	990 億円	米ドル買い・円売り
1 月 24 日	1,484 億円	米ドル買い・円売り
1 月 27 日	2,066 億円	米ドル買い・円売り
1 月 29 日	153 億円	米ドル買い・円売り
2 月 24 日	927 億円	米ドル買い・円売り
	66 億円	ユーロ買い・円売り
2 月 25 日	378 億円	米ドル買い・円売り
	562 億円	ユーロ買い・円売り
2 月 26 日	258 億円	米ドル買い・円売り
	137 億円	ユーロ買い・円売り
2 月 27 日	3,615 億円	米ドル買い・円売り
2 月 28 日	263 億円	米ドル買い・円売り
	45 億円	ユーロ買い・円売り

財務省の公表データ (http://www.mof.go.jp) に基づく

替ブローカーに直接注文を出したり,銀行を通じて間接的に注文を出したりする形をとる。また通常それも公表されない覆面介入の場合が多い。記事では,市場介入にもかかわらず政府・日銀の意に反して円高が加速したことが報じられている。このように市場介入が行われても期待された効果が即座に現れないというのは,市場での為替取引が膨大な額にのぼるからである。

市場介入のあり方

単独介入	日本の財務省・日銀のみで単独で介入を行う。介入が公言されることにより,実際の効果よりアナウンスメント効果がより期待される。
覆面介入	日本の財務省・日銀の単独介入には違いないが,それが公言されない。いつ介入があるかわからないという不安が為替投機を抑止する力となる。
委託介入	日本の財務省が,欧米市場への介入を欧州・米国の中央銀行に委託するもの。
協調介入	欧州・米国の中央銀行と協調し,歩調を合わせて介入するもの。最も効果が期待される。

なお,記事にある介入は,日本の財務省・日銀のみの東京市場への介入であるが,相場変動が急激で規模が大きい場合は一つの国の中央銀行が行うだけでは安定させるのは不可能で,諸国の中央銀行が連携しつつそれぞれの外為市場に介入することもある。というのは,先にみたように,現在,世界の外国為替市場は結びついており,一体化して動いているからである。

このように,相場を誘導するために主要国の中央銀行が合意の下にそれぞれの外為市場に介入することを協調介入という。その典型例としては,1985年のG5のプラザ合意にもとづく協調介入がある。このケースでは,当時の円の対ドル・レートが低すぎ,

それが日本のみならず世界経済のかく乱要因となっているという諸国の一致した判断に基づき，協調介入が実施された。その結果，ドルが市場に供給され，相場は急激なドル安・円高に向かった。

　しかし，今日的には一般にそのようなドル売り・円買いの直接的な（実質的な）効果よりも，介入の姿勢を示すことで各国中央銀行（政府）の意向を市場に知らしめることの方がより重要性を持ってきている（**アナウンスメント効果**）。つまり，中央銀行が介入の姿勢を示すだけで，投資家がその結果（ドル売り・円買い介入→円高）を予想し，即座にドルを売り円を買う行動にでることが期待されるからである。

かつての日本の為替相場

日本の円の対ドル相場は刻々と変化する。どの国も日本のようにその通貨価値が変化すると思われそうだが,実はそうではない。発展途上国の多くで固定相場制(為替相場を管理し変動しないようにする方法)が採られている。

たとえば,中国やマレーシアなどのように,米ドルに対してあらかじめ固定した相場に自国通貨をくぎ付けし(ペッグ制),その目標値から最大±1%の極めて狭い幅で変動させるという国もある。また,ペッグ制であるが,デンマークのように目標値からの変動幅を±1%ではなく±2.25%というように緩やかにしている国もある。このように,固定相場制ないしはペッグ制を採用している国は80ヵ国以上ある。実は,日本は1949年～1971年8月(ニクソン・ショック)までは中国のような制度を,1971年12月(スミソニアン10ヵ国蔵相会議)～1973年2月まではデンマークのような制度を採っていた。そして,1973年以降,現在のような変動相場制に移行した。

つまり,かつての日本は,一定の変動幅内に為替相場がおさま

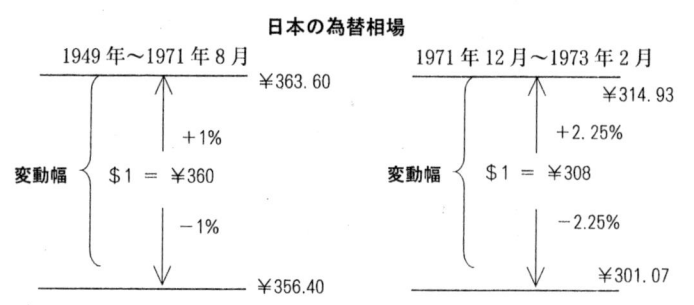

日本の為替相場

1949年～1971年8月

変動幅 $1 = ¥360
+1% → ¥363.60
−1% → ¥356.40

1971年12月～1973年2月

変動幅 $1 = ¥308
+2.25% → ¥314.93
−2.25% → ¥301.07

るように政府・日銀が管理（介入）することを義務づけられていた（IMF体制）。たとえば、1971年までの段階であれば、万一、貿易赤字で円安になりしかも＄1＝¥363.60を超えそうになれば、日銀はドル売りを行うことになる。しかし、もし日銀に手持ちのドル資金がまったくなかったとすると、日銀はIMF（国際通貨基金）からのドル資金の融資を受けてでもドル売り介入を行わなければないということになっていた（実際はIMFからの為替資金の借入れは行っていない）。

日本経済にとって円高と円安とではどちらがよいか？

円高と円安、どちらが日本経済にとって望ましいといえるだろうか。上の2003年2月28日の記事（186-187ページ）では円高防止策の市場介入を伝えている。これをみると円安が望ましいように見える。実は、為替相場の変化が国内経済に及ぼす影響にはプラス・マイナス両面があり、一概にどちらが良いとはいえない。

円高になった場合について考えてみよう。たとえば、1ドル＝120円が1ドル＝100円になったとすると、これは、日本の輸出産業にとっては望ましいとはいえない。たとえば、1ドル＝120円の時、12万円のパソコンが1000ドル（12万÷120）で輸出されるとしよう。しかし、円高が進み、1ドル＝100円になった。その時、12万円のパソコンは1200ドルで売られる。このようにドル価格では値上がりすることになるから、パソコンの輸出台数は減少するだろう。逆に外国から輸入している商品は、円高によってこれまでより値段が下がるので、日本国内では日本の製品よ

り輸入品を買おうとする動きが出てくるだろう。このように，円高は産業の競争力を弱め，国内の生産活動に悪い影響を及ぼし，景気にはマイナスに働く。「円高で景気はさらに悪化」といったりするのは，このような円高の影響が出てくるからである。逆に，円安は景気にとってプラスに働くことになる。

　だが一方，円高にはメリットもある。円高になれば，輸入製品が値下がりする。確かに，それで日本製品が売れないという問題もあるが，輸入品を購入している企業や消費者は，同じ金額でそれまでより多くの輸入品を購入できることになる。このことは，日本人の購買力が実質的に高まることを意味する。会社からもらうサラリーが同額でも，これまでより多くの輸入品を買えるようになるのであり，消費者のモノを買う力（購買力）が高まるのである。またさらに，円高によって輸入品が値下がりすると，日本製品の値段にもその影響が波及し，物価が低下する（円安になれば，円高の場合とは逆に日本人の購買力は実質的に低下し，物価が上昇する）。

　このように，円高は国内産業の競争力を弱め，生産活動にマイナスの影響を及ぼす一方で，国内の購買力を実質的に高めるというプラスの効果をもっている。要は，どちらの効果がより強く現れるかである。

　ただ，為替相場の変動の購買力に及ぼす影響が明確になるまでには時間がかかるのに対して，景気に対する影響は比較的早めに現れる。それゆえに，不景気の場合は，円高より円安の方が歓迎される。事実，不況下にあった2002年〜2003年には，為替相場

が円高に振れることを懸念する記事が数多くみられた。

考えてみよう

　上でみたように，円高は国内産業の競争力を弱め，生産活動にマイナスの影響を及ぼす。この円高に対処すべく輸出企業には海外での現地生産をはじめるものが増えてくるが，そのメリットはどこにあるだろうか。

国際収支

　国際収支とは，一定期間における一国の外国とのモノ・サービスの取引，贈与・政府間の援助，資本取引などのあらゆる経済取引の受取りと支払いの差額をいう。それを表したものが国際収支表であり，それは経常収支と資本収支の2つの部分からなる。

　わが国では，財務省が，毎月中旬に2ヶ月前の結果を速報として公表している。2003年5月14日の財務省の国際収支の公表は，同年3月の速報値のみならず，2002年度（2002年4月～2003年3月）のそれを含むものとなっている。次の記事はその内容を報じたものである。

経常収支4年ぶり拡大、昨年度12%増－輸出額50兆円突破

　財務省が14日発表した2002年度の国際収支速報によると，海外とのモノやサービス全体の取引状況を示す経常収支の黒字が前年度比12.0%増の13兆3,371億円と，4年ぶりに増加に転じた。半導体や自動車を中心に輸出額が初めて50兆円を突破するなど，貿易黒字が膨らんだのが理由だ。

　2002年度の貿易黒字は28.5%増の11兆5,577億円と，1997年度以来の高い伸びになった。輸出はアジア向け半導体などが好調で8.5%増の50兆1,053億円だったのに対し，輸入は3.6%増の38兆5,477億円だった。

　配当など対外資産からの収益を示す所得収支は7.6%減の8兆134億円の黒字。旅行や輸送などの取引状況を示すサービス収支は2001

年度に米同時テロの影響で落ち込んだ出国者数が回復したことなどを背景に赤字幅が拡大し，5兆2,371億円の赤字になった．

同時発表の2003年3月の国際収支では，経常黒字が前年同月比26.6%減の1兆6,011億円で2ヵ月ぶりに黒字幅が縮小．貿易黒字が19.2%減だったことが影響した．イラク戦争の影響で出国者数が7ヵ月ぶりに前年同月比で減少し，旅行収支の赤字が2,092億円と11ヵ月ぶりの水準に縮小した．

2002年度と2003年3月の国際収支
(単位億円，カッコ内は前年同期比%，▲は赤字または減)

		02年度	今年3月
▽	経常収支	133,371	16,011
		(12.0)	(▲26.6)
	貿易・サービス収支	63,205	8,962
	貿易収支	115.577	11,359
	輸　出	501,053	45,825
		(8.5)	(0.9)
	輸　入	385,477	34,466
		(3.6)	(10.0)
	サービス収支	▲52,371	▲2.397
	所得収支	80,134	8,608
	経常移転収支	▲9,968	▲1,559
▽	資本収支	▲49,107	▲2,658
	投資収支	▲45,472	▲1,691
	その他資本収支	▲3,635	▲967
▽	外貨準備増減	▲81,98	▲13,166
▽	誤差脱漏	▲2,276	▲186

・外貨準備高のマイナスは資本の流出

(日本経済新聞，2003年5月14日，夕刊)

経常収支

経常収支は、貿易・サービス収支と所得収支と経常移転収支の3つからなる。

貿易・サービス収支

国家間のモノの取引の収支である貿易収支とサービス取引の収支であるサービス収支を合わせたものである。

▶**貿易収支**……輸出すなわち外国にモノを売ったときは、モノと反対に日本に流入してくるお金の金額が「受取り」の項目にプラスとして記入され。逆に輸入すなわちモノを外国から買ったときは、モノと反対に外国に流出するお金の金額を「支払い」の項目にマイナスとして記入される。

　輸出の金額が輸入の金額を上まわっていれば、結局その差額だけのお金が日本に入ってくるわけで、貿易収支の黒字となる。逆に、輸入が輸出を上まわっていれば、貿易収支の赤字である。

▶**サービス収支**……外国へサービスを輸出した場合、サービスと反対に日本に流入してくるお金の金額が「受取り」の項目に記入され、サービスを外国から輸入した場合は、サービスと反対に外国に流出するお金の金額を「支払い」の項目に記入される。

　外国へのサービスの輸出額がサービスの輸入額を上まわっていれば、サービス収支の黒字であり、逆に、サービスの輸入額がサービスの輸出額を上まわっていれば赤字である。

では，ここでいうサービスとはどのようなものなのだろうか。たとえば，日本のある鉄鋼メーカーが，リベリア船籍の船で東南アジアへ鉄鋼を輸出したとする。この場合，この船に載せられた鉄鋼には，安全に目的地の港に着くまでに想定されるリスク（洋上での暴風雨や火災ないしその他の事故）に備えて，イギリスの保険会社の海上保険に加入したとする。

　ここで，日本の鉄鋼メーカーはリベリアの船会社に対して運賃を支払うが，それは日本の鉄鋼メーカーがリベリアの船会社から運送サービスという商品を買った，つまり日本が運送サービスという無形の商品をリベリアから輸入した見返りに支払うことになる。同様に，日本の鉄鋼メーカーがイギリスの保険会社に保険料を支払うのは，保険サービスの購入，つまり保険サービスの輸入の見返りであると解釈される。

　この例では，日本から見れば，運送サービスと保険サービスを輸入したわけだが，相手国のリベリアやイギリスから見れば，これらのサービスを日本に対して輸出したことになる。

　その他のサービス輸入の例として，たとえば日本人がハワイに旅行に行ってホテルに宿泊し，宿泊料を支払うこともそうである。この場合は，日本人（あるいは日本）が，ハワイのホテルのサービス（＝観光・旅行サービス）を輸入したものと考えるのである。通常，「輸入」というと外国から国内の購入者へ商品が送られてくる場面を想像するが，海外の観光・旅行サービスは現地においてしか手に入れることができない。いうならば，体を現地にもっていって購入（輸入）することになるのである。

さらに，日本の化学薬品メーカーが自社の特許の使用を外国の企業に認めていて，その使用料を外国の企業から受け取った場合もそうである。これは，化学薬品メーカーが特許使用という無形のサービスを輸出しその代金を受け取ったと解釈するのである。

所得収支

所得収支は，国家間において投資収益や雇用者報酬として動くお金の流れを示した収支である。

たとえば，ある日本人が米国の GM 社の株を買ったとする。株を購入するために米国の GM 社に支払われたその資金は資本収支に計上されるが，株購入後，この日本人が GM 社から受け取る配当金（利益の配分）は投資収益ということになり，所得収支にその金額は記入される。また，ある日本人が米国のある銀行に預金口座を開いており，そこから利息を受け取ったとすると，それも投資収益とみなされ，同じく所得収支にその金額は記入される。雇用者報酬は，日本人が外国の現地企業に労働を提供して得た賃金などである。

経常移転収支

経常移転収支は，モノやサービスの動きを伴わない一方的なお金の流れ（対価を伴わない受払い）の収支である。

経常移転収支の具体的な項目としては，日本政府の途上国に対する食料・医薬品などモノに関わる無償援助，国際機関への拠出金，それに外国に留学している子供への送金など民間による外国への（からの）送金などがあげられる。

資本収支

資本収支は，国家間において投資や貸借により動くお金を示したものである。資本収支は，投資収支とその他資本収支とからなるが，その大部分は投資収支が占めている。

さらに，投資収支は国家間における**直接投資**や**証券投資**およびその他の投資からなる。また，その他資本収支とは，途上国において施設や設備を作るために援助した資金を示したものである。

直接投資

直接投資とは，日本からいえば，国内の企業が，外国の支店や現地生産している子会社に出資や貸付資金を送ることをいう。この場合，お金が外国へ流出し，その金額は投資収支のマイナスとなる。無論，日本から出ていく資金だけでなく，逆に外国の企業が，日本にあるこの外国企業の支店や子会社に送る資金も，直接投資の項目に示されるが，これは，お金が外国から流入するので投資収支のプラスとなる。

証券投資

証券投資は，上に示した日本人の米国 GM 社の株購入のような場合がその例である。ただ株購入という点だけをみれば，直接投資の外国企業への出資も同じにみえる。しかし，直接投資の場合は企業買収に端的に表れるように，その企業の経営を掌握し長期的利益を追求する投資活動であるのに対し，証券投資の場合は配当収入やその株の売買による利益を目的とするものである。

以上，経常収支と資本収支の内訳を説明したが，整理すれば上

国際収支のしくみ

○経常収支
 貿易・サービス収支
  貿易収支
  ・輸出
  ・輸入
  サービス収支
  ・輸送
  ・旅行
  ・その他サービス
   │通信
   │建設
   │保険
   │金融（銀行，証券手数料）
   │情報（コンピュータ・データ・サービス，ソフトウェアの開発設計，提供）
   │特許等使用料（商標権，著作権，特許権の使用料）
   │その他営利業務（貿易関連サービス，法務・経理・広告・研究開発等のサービス）
   │文化，興行（映画作成・レコーディングに伴う出演料・手数料，スポーツ，娯楽活動に伴う興行費用）
   │公的その他サービス（大使館・領事館の現地経費支出，外交官・軍人の個人支出）
 所得収支
 ・雇用者報酬
 ・投資収益
  │直接投資収益（再投資収益を含む）
  │証券投資収益
  │その他投資収益（貸付利息，預金利息の受払）
 経常移転収支（食料・医療品等の消費財に係る無償資金援助国際機関拠出金，労働者送金）

○資本収支
 投資収支
 ・直接投資
 ・証券投資
  ┌株式
  └債券
 ・金融派生商品（オプション，ワラント，スワップ等）
 ・その他投資
   貸付・借入，貿易信用，現預金，雑投資
 その他資本収支
 ・資本移転（資本形成のための無償資金援助，対価のない固定資産の所有権移転）
 ・その他資産（特許権・著作家の取得処分など）
○外貨準備増減
○誤差脱漏

（出所）（財）矢野恒太記念会編・発行『日本国勢図会 2003/04』

の表のようになる。なお，外貨準備増減とは，政府・中央銀行の外貨準備の増減を表わすものである。たとえば，日銀が財務省の意を受けて外為市場に介入して，手持ちのドルを買い円を売れば，手持ちのドル資金は増加し，この額面は増えることになる。原理的には経常収支に資本収支を加えたものと外貨準備増減は一致するが，実際には誤差が生じる。その誤差が「誤差脱漏」である。

わが国の国際収支の動向

2002年度の状況

さて、2003年5月14日の記事（207-208ページ）に即し、2002年度のわが国の国際収支状況を少しみてみよう。

2002年度のわが国の経常収支は、「**対前年比12％増の13兆3,371億円となり、4年ぶりに増加**」したと報じている。なぜそうなったか。それには、この記事には表れていないが、為替相場が関係している。ドル相場は2001年度より1ドルにつき3円以上の円高ドル安であり、また米国景気が減速したことで米国向け輸出は低迷していた。だが、円の対ユーロ相場は1ユーロ＝120円台後半と10円以上も円安・ユーロ高になり、欧州向け輸出が米国向けの落ち込みを大幅に上回ったということである。

また、「**アジア向け半導体など**」の輸出が「**好調**」とあるが、その中心は中国である。それは日本企業のアジアへの進出拡大に伴うものであった。しかも、半導体などＩＴ関連部品に加え、さらに自動車などの輸出も伸びた。

なお、経常収支の構成要素であるサービス収支についてみれば、前年に比べ赤字幅がやや縮小している。とはいえ、5兆円を超える赤字である。そのうちの55％は旅行収支である。一方、対外投資の収益を示す所得収支は8兆134億円の黒字で、対前年比1.5％の減少であった。

この結果、全体としての経常収支は4年ぶりの大幅な伸びを記録したのである。

近年の状況

ここ数年の経常収支の動向についてみてみよう。

1998年以降では，貿易黒字と経常黒字は減少している。とくに，2001年には所得収支の黒字額が貿易黒字額に迫る勢いをみせ，わが国の経常収支の構造が大きく変化しはじめたといわれた。

貿易黒字の減少は，89〜90年のバブル期や93〜96年にかけてもみられたが，近年の貿易黒字減少は過去のものと性格が違うといわれる。89〜90年，93〜96年の両期間は日本経済が回復基調にあるときで，好調な内需を反映した輸入の増加が要因とされる。しかし，98年からの減少局面は当初景気回復を背景とする同じ型であったが，2000年末以降は，日本経済が景気後退局面のなかでの黒字減少となっている。

一般に貿易と景気との関係でいえば，不景気のときは貿易は黒

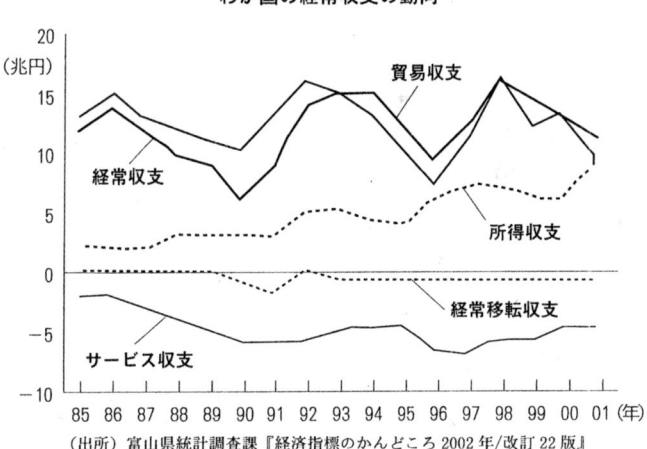

わが国の経常収支の動向

(出所) 富山県統計調査課『経済指標のかんどころ2002年/改訂22版』

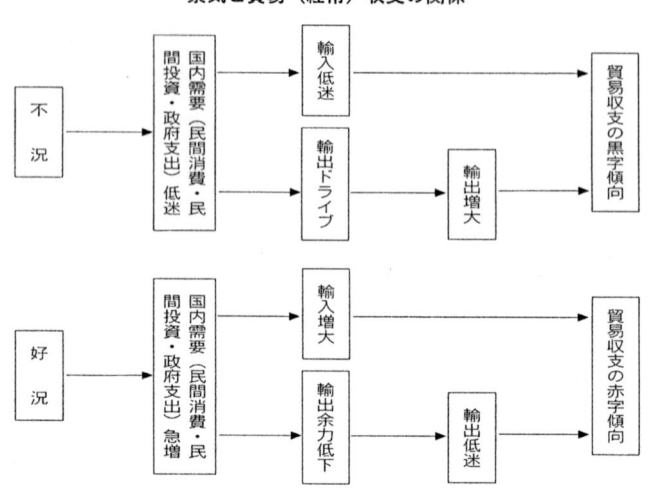

景気と貿易（経常）収支の関係

```
          ┌─国─┐  ┌────┐
          │内間 │  │輸入│
          │需投 │─→│低迷│──────────────┐
          │要資 │  └────┘              │  ┌────┐
┌──┐    │（・ │                        ├─→│貿易│
│不│───→│民政 │                        │  │収支│
│況│    │間府 │  ┌────┐  ┌────┐    │  │の黒│
└──┘    │消支 │  │輸出│  │輸出│    │  │字傾│
          │費出 │─→│ドラ│─→│増大│──┘  │向  │
          │・）│  │イブ│  └────┘      └────┘
          │民低 │  └────┘
          │迷  │
          └────┘

          ┌─国─┐  ┌────┐
          │内間 │  │輸入│
          │需投 │─→│増大│──────────────┐
          │要資 │  └────┘              │  ┌────┐
┌──┐    │（・ │                        ├─→│貿易│
│好│───→│民政 │                        │  │収支│
│況│    │間府 │  ┌────┐  ┌────┐    │  │の赤│
└──┘    │消支 │  │輸出│  │輸出│    │  │字傾│
          │費出 │─→│余力│─→│低迷│──┘  │向  │
          │・）│  │低下│  └────┘      └────┘
          │民急 │  └────┘
          │増  │
          └────┘
```

字基調になり，好況のときは赤字基調になるという傾向をもつ。

では，この2000年末以降の景気後退局面のなかでの黒字減少はどう説明されるのだろうか。

この黒字減少には，まず，アメリカの景気減速を受け輸出が大幅に落ち込んだこと，そして，これが重要であるが，内需の低迷にもかかわらず輸入があまり減少していないことが関係している。なぜ輸入が減少しないか。背景には，日本の貿易が「垂直」貿易から「水平」貿易へと構造変化しつつあることがあげられる。つまり日本企業のアジアへの生産拠点移転とともに製品輸入の比重が高まり，輸入が減らない体質になりつつあるのである。

かつては，わが国の輸入といえば，原油，天然ガス，金属原料などのエネルギー資源や原料が主要品目であったが，現在では様

第6章 外国為替と国際収支　217

わが国の輸出品目

- 有機化合物 2.6
- プラスチック 2.2
- その他 23.5
- 機械類 43.2%
- 鉄鋼 3.7
- 3.9
- 自動車 16.8
- 自動車部品 4.1
- 精密機械

2002

わが国の輸入品目

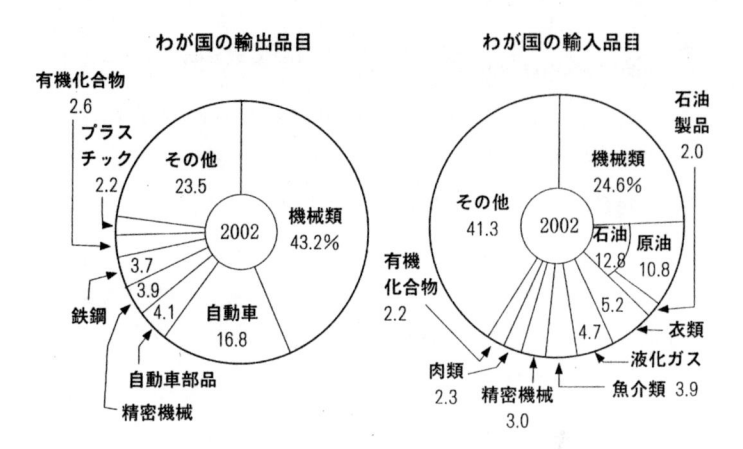

- 石油製品 2.0
- 機械類 24.6%
- その他 41.3
- 石油 12.8
- 原油 10.8
- 有機化合物 2.2
- 肉類 2.3
- 精密機械 3.0
- 5.2
- 4.7
- 衣類
- 液化ガス
- 魚介類 3.9

2002

(出所)(財)矢野恒太記念会編・発行『日本国勢図会 2003/04』

変わりしている。

　現在のわが国の輸入品目のトップは機械類である。そのかなりの部分はアジアからの家電・事務用品などで，実はそれも日系企業からの購入すなわち**逆輸入**になっているのである。

　その結果，2002年度も輸入が前年比で3.6％伸びている。

　このようにして，景気後退局面のなかでも貿易黒字減少という状況がもたらされているのである。

　しかしながら，上の記事（207-208ページ）にあるように2002年度は所得収支の黒字額が2年ぶりに減少し，貿易黒字額が過去最高の伸びを示すなど，2000年末以降の流れが止まったかに見えるというわけである。では，2002年度以降どのように推移するだろうか。本当に2000年末以降の変化の流れは止ったのだろうか，今後の動向を中長期的な視点で見守る必要がある。

日本は貯蓄のしすぎで貿易黒字になった？

　日本人の貯蓄率は高い。実はこの貯蓄率の高さが貿易黒字と理論的には結びつくのである。5, 10年の中期的視点にたってみた場合, 経常（貿易）収支の動きを規定する要素としていわゆる「ISバランス」が問題にされることがある。ISバランスとは, 一国全体の投資（I）と貯蓄（S）のバランス（釣り合い）のことである。一国のマクロ経済においては, その国の経常収支は, 国内の民間部門の貯蓄と投資の差額と財政部門の収支差とを足し合わせたものに等しいという関係が成り立つ。

　つまり, 民間消費＝C, 民間貯蓄＝S, 民間投資＝I, 政府支出＝G, 租税＝T, 輸出等＝X, 輸入等＝M, 海外からの純要素所得＝E, 経常収支＝NX
とすると以下の式が成り立つ。

$$GDP = C+I+G+X-M$$
$$\underline{GDP+E} = C+I+G+\underline{X-M+E}$$
$$\Downarrow \qquad\qquad \Downarrow$$
$$GNI = C+I+G+NX \cdots\cdots(1)$$

これは支出面からみたGNI。一方, GNIを分配面からとらえると,

$$GNI = C+S+T \cdots\cdots(2)$$

式 (1) と式 (2) を整理すると,

$$C+I+G+NX=C+S+T$$
$$NX=(S-I)+(T-G)\cdots\cdots(3)$$

式 (3) からわかるように, 次のような関係が成立する。

投資（I）＜貯蓄（S）で，財政黒字（もしくは財政赤字＜貯蓄（S）の超過分）

⇩

経常収支の黒字

投資（I）＞貯蓄（S）で，財政赤字（もしくは財政黒字＜投資（I）の超過分）

⇩

経常収支の赤字

　かつて，80年代に日本の対米貿易黒字が原因で日米貿易摩擦が発生した。その際，日米両国の経済体質がこの理論に基づいて議論された。80年代前半の日本では投資が低迷し，投資＜貯蓄の状態にあるなかで，行財政改革によって財政赤字が減少したということが経常収支黒字拡大の背景にあった。これとは対照的に80年代前半の米国は，大幅な経常収支の赤字に直面していた。この時，米国は投資＞貯蓄の状態とともに大幅な財政赤字状態で，財政赤字と経常収支の赤字という「双子の赤字」状態であった。この対照的な両国の体質が貿易摩擦の背景にあった。

考えてみよう

次のような場合は何収支にあたるだろうか。

1. タイ人の留学生Aさんはアルバイトで得たお金を母国に送った。
2. 日本人のBさんはユニセフに寄付した。
3. 日本企業が特許使用料をドイツの企業に支払った。
4. 日本人のCさんはカナダの通販会社からセーターを購入し，代金を送金した。

日本経済のプロフィール

アメリカに次ぐ経済大国日本，でも豊かさを実感できない日本

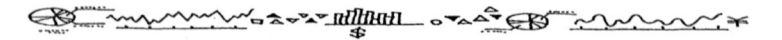

国 土 面 積	37万2851km^2

　　　　　　　　米国の約25分の1，韓国の約3.8倍。

人　　　　口	1億2713万人（2002年）

　　　　　　　　米国の約2分の1，韓国の約2.7倍。

労 働 力 人 口	6689万人（2002年平均）
就 業 者 数	6330万人（2002年平均）
就 業 者 割 合	第1次産業　5％，第2次産業　31％，
	第3次産業　64％（2001年）
労 働 時 間	153.0時間（2002年，時間／月）

　　　　　　　　10年前より10時間ほど減少。

完 全 失 業 率	5.4％（2002年平均）
有 効 求 人 倍 率	0.54倍（2002年平均）
G　D　P	名目507兆円，実質541兆円（2002年度）

　　　　　10年前より名目で20兆円，実質で60兆円増加。また，2001年のGDP（実質）をドル換算すると，4兆1757億ドル。これは米国の約5分の2，韓国の約10倍。2001年の1人当たりのGDPは3万2851ドルで米国の3万5401ドルに次ぎ世界第2位。

実 質 成 長 率	1.6％（2002年度）
賃　　　　金	36万9000円（2001年，月平均，パートも含む）

　　　　　日本を100として近隣諸国と比較すると，韓国は43.4，中国は2.6，台湾は36.3。また，時間給に換算し日本を100とすると，米国は79。

自動車生産	1026万台（2002年）

  米国の1228万台に次ぎ世界第2位。韓国は315万台。

自動車保有台数　7399万台（2002年）

  10年前より約1000万台増加。

粗鋼生産高　1億287万トン（2001年）

  中国の1億4895万トンに次ぎ世界第2位。米国は9010万トンで第3位。

総発電量　1兆759億kWh（2001年）

  10年前より約1900億kWh増加。2000年でみれば1兆913億kWhで、米国の約4分の1。ほぼ中国と同規模。

輸　　出　52兆1090億円（2002年）

  2001年度の輸出はドル換算で4036億ドルで、米国の約2分の1強。世界輸出貿易に占める割合は7％（それまで10％程度であったが大幅に落ちている）で、EU 38.5％、米国12.5％に次ぎ第3位。

輸　　入　42兆2275億円（2002年）

  2001年出はドル換算で3492億ドルで、米国の約3分の1。

経常収支　14兆2484億円（2002年）

外貨準備高　4697億ドル（2002年）

国債発行残高　450兆円（2003年度末）

  10年前の約2倍。

国民負担率　38.3％（2002年度）

  米国は35.9％。

高等教育進学率　49.9％（2002年度，大学・短大，高等専門学校進学率）

  米国は45.9％（1998年）。

索　引

DI　31
GDE　9
GDP　1
GDPデフレーター　7
GNI　15
GNP　15
ISバランス　218
M1　115
M2　115

あ行

アナウンスメント効果　202
委員会等設置会社　164
一致系列　31
一般会計　73
一般財源　103
インターバンク市場　124
インフレーション　55
インフレ目標論　68
ウェイト　51
売上総利益　152
営業利益　152
オープン市場　124

か行

海外直接投資　157
外国為替　187
外為銀行　189
外部経済効果　97
革新説　29
過小消費説　29
過剰投資説　29
借換え　90
為替ブローカー　189
機関投資家　197
企業内組合　174

企業物価指数　49
企業向けサービス価格指数　50
季節調整　18
逆輸入　217
業況判断　43
狂乱物価　56
寄与度　18
金利　121
クラウデイング・アウト　88
クリーピング・インフレ　56
経常移転収支　211
経常収支　209
経常利益　152
現金預金　111,114
建設国債　86
公営事業会計　103
公開市場操作　130
公定歩合操作　130
国民総所得　14
コスト・プッシュ・インフレ　58
固定相場性　203
コーポレートガバナンス　163
コール市場　124

さ行

財投機関　80
財投機関債　81
財投債　82
財政投融資　80
財務省原案　72
先物　193
三位一体改革　107
三面等価　10
直物　193
資源配分の調整　93
市場介入　200

実質ＧＤＰ　7
支払準備率操作　131
資本収支　212
終身雇用制　171
重要財産委員会型会社　165
需要インフレ　57
証券投資　212
証券取引所　143
上場　143
乗数効果　96
消費者物価指数　49
商法の改正　163
所得収支　211
所得の再分配　93
信用創造　116
成果主義　176
政府案　92
政府関係機関予算　74
ゼロ金利　133
先行系列　31
損益計算書　151

た行

対顧客相場　193
貸借対照表　156
第2の予算　80
太陽黒点説　29
短観　42
短期金融市場　124
遅行系列　31
地方分権一括法　107
長期金融市場　123
直接投資　212
デフレ　60
デフレ・スパイラル　63
東証株価指数　147
独自課税　109

特定財源　103
特別会計　74
特例国債　86

な行

日銀当座預金残高　135
日経平均株価　145
日本的経営　169
日本道路公団　80
年功的処遇　173
能力主義　176

は行

ハイパー・インフレ　56
バスケット方式　51
ヒストリカルＤＩ　41
ビルト・イン・スタビライザー　94
物価指数　49
普通会計　103
不良債権　66
フロー　3
貿易・サービス収支　209
補整的財政政策　95

ま行

マネー・サプライ　114
マネー・サプライ・インフレ　58
無担保翌日物コールレート　130
名目ＧＤＰ　7

や行

有料道路　83
輸入インフレ　58

ら行

ラスパイレス方式　51
量的緩和　135

著者紹介

釜 賀 雅 史(かまが・まさふみ)
1951年　熊本県生まれ。
1987年　早稲田大学大学院商学研究科博士課程後期修了。
現　在　愛知女子短期大学教授，名古屋外国語大学講師，
　　　　名古屋学芸大学講師。
[著　書]
『文化現象としての経済』(共著)学術図書出版，1995年
『情報時代の社会・経営』(共著)学文社，1995年
『経営学の基本問題』(共著)同文館，1996年
『日本経済の基本問題』(共著)実教出版，1998年
『現代企業の構造』学文社，1999年
『国際マーケティング戦略』(共著)学文社，2000年
『現代の企業と経営』学文社，2003年
　　　　　　　　　　　　　　　　ほか。

挿　絵：
小笠原暢雄

日本経済を読む
――新聞記事で学ぶ経済学　　　　　　　　　　©検印省略

2004年3月25日　第一版第一刷発行
2007年3月20日　第一版第二刷発行

著者　釜 賀 雅 史

発行者　田 中 千津子　　〒153-0064　東京都目黒区下目黒3-6-1
　　　　　　　　　　　　電　話　03(3715)1501(代)
発行所　株式会社 学 文 社　FAX　03(3715)2012
　　　　　　　　　　　　http://www.gakubunsha.com

© Kamaga Masafumi 2004　　　　　　　　　　印刷所　新製版
乱丁・落丁の場合は本社でお取り替えします
定価はカバー，売上カードに表示

ISBN 978-4-7620-1288-4

本書の無断複写・複製・流用は，特定の場合を除き，著作権者の権利侵害になります。